어린이를 위한
칭찬

긍정 에너지를  키우는 힘

어린이를 위한
칭찬

글 김하늬 그림 양은아

위즈덤하우스

추천의 글

칭찬으로 시작하는 행복 여행!

원고를 읽는 동안 빨리 이 책이 나왔으면 좋겠다는 생각뿐이었어요. 친구 사귀기가 가장 어렵다고 말하는 딸아이에게 무지개 비법을 선물로 주고 싶었기 때문이에요.

페이지를 넘기면서 자연스레 나의 어린 시절로 빠져들었지요. 나도 사춘기 시절에 예슬이와 똑같은 아이였어요. 얼마나 부끄럼을 탔던지 동네 가게에도 못 들어갈 지경이었으니까요.

부끄럼의 원인 중에는 키에 대한 열등감이 가장 컸어요. 학창 시절에는 작은 키 때문에 교복을 입고 학교를 가면, "야, 땅꼬마 지나간다."라며 초등학생들이 놀리기도 했어요. 그때부터 나는 어디에 가서도 크게 웃을 수 없었고, 나설 수도 없었고, 행복할 수도 없었어요. 부모님 원망도 많이 했지요.

그러던 어느 날, 친구 집에 놀러가서 친구의 재미있는 이야기에 배꼽을 잡고 웃었어요. 그런데 갑자기 친구 엄마가 설거지를 하시다가 나를 칭찬하셨어요.

"야, 요셉이 너 웃음소리가 백만 불짜리다. 속까지 후련하다."

그때부터 나는 변하기 시작했고, 자신감도 생겼어요. "나는 백만 불짜리 웃음을 가졌다."라며 나를 칭찬하기 시작했어요. 예슬이의 첫

번째 무지개 비법인 '나부터 칭찬하기' 방법이 나를 이렇게 바꿔 놓은 것이지요.

그렇게 잘 웃다 보니, '감사와 감탄'도 나의 버릇이 되었어요. '감사와 감탄'은 나뿐 아니라 연구소를 찾아오는 사람들에게 행복을 찾아주는 길이 되었답니다.

요즘 주변에서는 나를 '작은 거인'이라 부르기도 해요. 이제는 이 별명이 나쁘지만은 않답니다. 있는 모습 그대로의 내가 좋으니까요.

내가 웃음연구소에서 '행복 여행' 프로그램을 통해 일반인들에게 행복과 건강을 나눈다면, 이 책은 아마도 많은 어린이들에게 꿈과 행복을 안겨 줄 것입니다.

얼른 이 책을 딸에게 선물하고 싶어요. 아버지로서 아이에게 줄 수 있는 최고의 선물이 될 거예요. 이 책은 우리 아이들을 긍정적인 아이, 칭찬하는 아이, 모든 일에 감사하는 아이, 남에게 먼저 관심을 보일 수 있는 행복한 아이로 만들어 줄 것이라 확신해요.

한국웃음연구소 소장 이요셉

차례

추천의 글
칭찬으로 시작하는 행복 여행 4

Rainbow 1
마음의 변화를 부르는 칭찬

까칠이, 최강희 10
감탄사, 오예슬 21
뜻밖의 사고 30

Rainbow 2
작은 관심에서 시작된 칭찬

예슬이의 편지 44
무지개 비법 56
나부터 칭찬하기 67

Rainbow 3
감사의 마음을 키우는 칭찬

칭찬을 부르는 관심 80
칭찬할수록 칭찬할 일이 많아진다 91
너의 태양을 보여 줄래? 99
감사와 감탄 111

Rainbow 4
긍정의 힘으로 돌아온 칭찬

병실에서 만남 122
네 마음을 보여 줘! 131
나에게로 되돌아온 칭찬 139
감탄사와 느낌표! 151

작가의 글
느낌표 선생님의 느낌표 꽉꽉! 162

Rainbow 1
마음의 변화를 부르는 칭찬

때로 우리 마음은 네모 상자에 갇혀 있어요.
이럴 때 친구의 따뜻한 말 한마디가
상자의 문을 열어 주기도 하지요.
마음의 문이 열리면 친구 마음과 통할 수 있어요.
마음과 마음이 통해 우정이 되고, 사랑이 되어요.
내 마음의 문을 연 한마디.
"친구야, 나는 너를 믿어!"

긍정 에너지를 키우는 힘_칭찬

까칠이, 최강희

강희는 예슬이 얼굴을 쳐다보지도 않고 픽 쏘았다.
친하지도 않은데 친한 척, 반가운 척하는 것, 딱 질색이다.

강희는 요즘 학교 가기가 싫다. 괴롭다. 같은 반에 보기 싫은 친구가 있기 때문이다. 아니, 친구가 아니다. 그냥 '보기 싫은 애'가 있다.

"아이고, 속상해. 하루도 속 편하게 학교 가는 꼴을 못 보니."

가게에 나갈 차비를 하던 엄마가 버럭 신경질을 냈다.

"보기 싫은 친구 있다고 학교 가기 싫다는 게 말이 되니? 응?"

"친구가 아니라니까요."

"같은 반이면 친구지, 그럼 원수냐?"

"원수보다 더해요."

"네가 그 애를 보기 싫어하는데, 그 애는 널 좋아할 것 같아?"

"좋아할까 봐 겁나요."

"저 말버릇하고는. 어릴 때는 방긋방긋 잘도 웃더니 좀 컸다고 반항하는 거니? 벌써 사춘기야?"

"몰라요."

"어디 네 맘대로 해 봐라. 학교 가기 싫으면 가지 마. 집에서 밥하고 설거지하고 청소나 해라. 나도 이제 지친다."

엄마는 한바탕 소리를 지르고는 밖으로 나가 버렸다.

엄마는 재작년부터 시장에서 국숫집을 한다. 처음에는 점심때만 했지만, 장사가 잘돼 이제는 저녁까지 한다. 점심에 국수를 팔려면 아침부터 준비해야 한다. 가게를 시작하고부터 집은 엉망진창, 뒤죽박죽이 되어 버렸다.

"쳇, 나보다 국수가 더 중요하다 이거지?"

강희는 메려던 가방을 털버덕 거실에 내려놓았다.

'정말 학교 가지 말고 집에서 밥하고 설거지하고 청소나 할까? 밥은 하기 어려우니까 설거지랑 청소만 하면 안 될까?'

강희는 눈을 반짝반짝 빛내며 집 안을 둘러보았다. 엄마 아빠가 바쁘게 나가느라 챙기지 못한 옷가지와 신문이 소파에 걸쳐

져 있고, 싱크대엔 그릇이 수북이 쌓여 있었다.

'쳇, 나보고는 만날 옷 똑바로 걸고 방 청소 잘하라고 하면서.'

엄마 아빠도 강희 못지않은 어지르기 선수들이다. 아빠는 신문을 본 뒤 꼭 접어 두기로 약속했지만, 제대로 지킨 적이 없다. 담배도 베란다에서만 피우기로 했지만, 거실을 돌아다니며 재를 떨어뜨리기 일쑤다. 방문을 열어 보면 더할 것이다. 강희 방만 해도 온갖 잡동사니로 발 디딜 틈이 없으니까.

"어휴."

청소하고 설거지하는 것도 만만찮아 보였다. 강희는 다시 책가방을 들었다.

"학교나 가자."

강희는 털레털레 골목길을 빠져나왔다. 아침부터 엄마와 입씨름해서인지 기분이 좋지 않았다. 이런 날은 학교에 가서도 마찬가지다. 꼭 선생님께 걸려 꾸중을 듣거나 칠판 앞에 나가서 어려

운 문제를 풀어야 한다.

'오늘은 또 어떤 일이 벌어질까?'

강희는 한숨을 푹 쉬며 길가의 돌멩이를 찼다.

"어머, 강희야! 안녕. 만나서 반가워!"

싫다싫다 하니까 등굣길에서부터 딱 마주쳤다. 강희네 반 최고의 밉상, 입만 열었다 하면 감탄사와 칭찬이 튀어나와 별명이 '감탄사, 칭찬 박사'인 아이, 오예슬.

"오늘 날씨 참 좋다. 그렇지? 기분도 좋고."

예슬이가 방긋 웃으며 뛰어왔다.

"좋은 것도 많다."

강희는 예슬이 얼굴을 쳐다보지도 않고 픽 쏘았다. 친하지도 않은데 가까이 와서 친한 척, 반가운 척하는 것, 딱 질색이다.

"어머, 넌 학교 가는 게 싫으니? 난 참 좋은데."

'흥. 초등학교를 5년이나 다녔지만, 학교 가는 게 좋다는 애는 네가 처음이다.'

강희는 속으로 콧방귀를 뀌었다.

"어머, 저것 좀 봐. 제비꽃이 피었어!"

예슬이가 나비처럼 폴짝거리며 담벼락 밑으로 뛰어갔다. 정말

돌 틈 사이에 보랏빛 제비꽃이 피어 있다. 강희는 '이런 곳에서도 제비꽃이 다 피나?' 하는 신기한 마음이 들었지만, 마음과는 달리 퉁명스런 말이 먼저 나왔다.

"그깟 제비꽃 처음 보니?"

강희는 제비꽃을 본 체 만 체 하고 앞서 나갔다.

"뭐? 제비꽃?"

"어디, 어디?"

뒤따라오던 아이들이 우르르 예슬이 둘레에 몰려들었다.

'쟤들은 또 어디서 나타난 거야?'

강희는 뜨악한 얼굴로 고개를 흔들었다. 언제나 이 모양이다. 오나가나 예슬이 주위엔 아이들이

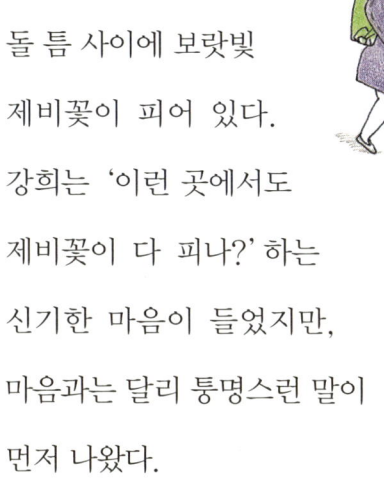

들끓는다. 벌떼 같다. 예슬이가 여왕벌이나 되는 것처럼, 달콤한 꿀을 가진 꽃이나 되는 것처럼 달려든다.

"이것 좀 봐. 돌 틈에 피었어. 정말 신기하다. 참 예쁘다. 그렇지?"

예슬이가 자신의 주특기인 감탄사와 칭찬을 쏟아 냈다. 대체 저 아이의 말 중에서 감탄사와 칭찬을 빼면 뭐가 남을까? 말이 되기나 할까? 강희는 그게 의문이다.

"응. 정말 예쁘다! 난 만날 지나다녀도 못 봤는데, 대단해."

"이게 제비꽃이구나! 난 처음 알았어."

"오늘 엄청 재수 좋을 것 같은데?"

"예슬이 넌 참 눈도 밝아!"

아이들도 맞장구를 치며 예슬이를 치켜세웠다. 제비꽃 하나 본 것이 무슨 대단한 자랑거리인 모양이다. 보물이라도 발견한 것처럼 호들갑을 떤다.

'끼리끼리 참 잘 논다. 오늘도 학교 홈페이지엔 예슬이를 칭찬하는 글이 줄줄이 사탕처럼 이어지겠군.'

예슬이는 오늘 아침 등굣길에 예쁜 제비꽃을 발견해 우리에게 알려 주었습니다. 예슬이는 예쁜 꽃 이름도 많이 알고, 얼굴도 예쁘고, 언제나 잘 웃습니다. 그래서 예슬이를 칭찬합니다.

예슬이는 눈이 참 밝습니다. 우리가 만날 지나치던 곳에서 제비꽃을 발견했습니다. 예슬이 때문에 제비꽃을 알게 되어 기쁩니다. 예슬이를 칭찬합니다.

이런 유치한 글들이 칭찬방에 쫙 깔리겠다. 어쩌면 예슬이는 그런 칭찬을 노리고 저렇게 호들갑을 떨며 감탄사를 늘어놓는지도 모른다. 그런 생각을 하니 예슬이가 더 꼴 보기 싫어졌다.

예슬이는 이제까지 강희네 학교에서 칭찬을 가장 많이 받았다. 그래서 교장 선생님께 칭찬상도 받았다. 그뿐이 아니다. 예슬이는 이제까지 가장 많은 아이를 칭찬했다. 그래서 아이들은 예슬이에게 '칭찬 박사'란 별명을 붙여 주었다.

도대체 칭찬 박사의 칭찬 릴레이는 언제까지 이어질까? 그 지겨운 칭찬은 언제쯤 끝이 날까?

강희는 예슬이를 칭찬하는 글들이 보기 싫어 홈페이지도 잘 들어가지 않는다. 결코 질투하는 게 아니다. 강희를 칭찬하는 글이 없어서도 아니다. 그냥 오예슬이, 싫은 거다.

'쳇, 그깟 칭찬상.'

강희는 홱 돌아섰다. 아이들은 여전히 제비꽃 앞에 몰려 있었다.

'어디 제비꽃 하나마다 감탄하며 와 봐라. 아마 오후나 돼야 교실에 도착할 거다.'

강희는 속으로 악담을 하며 걸음을 빨리했다.

"어머나! 민들레도 피었어! 우아, 예쁘다!"

예슬이의 감탄사가 또 시작됐다.

'감탄사, 나는 네가 더 대단하다. 너, 어제도 민들레꽃 보고 감탄하지 않았니?'

그랬다. 예슬이는 분명히 어제 아침에도 운동장 가에 돋은 민들레를 보고 호들갑을 떨었다. 이번 봄에 처음 보는 민들레라는 둥, 민들레가 이렇게 예쁜 꽃인 줄 몰랐다는 둥, 나비가 어서 날아오면 좋겠다는 둥, 얼마나 낯간지러운 말만 하는지 모른다.

예슬이는 분명히 공주병과 착한 아이 콤플렉스에 걸려 있을 거다. 사람이 어떻게 매일 바른말, 좋은 말만 할 수 있나? 남 흉 한 번 안 보고 칭찬만 하고 살 수 있나?

강희는 예슬이가 가식덩어리 같아 싫다. 거미줄을 뽑아내는 거미처럼 입만 열었다 하면 칭찬만 늘어놓는 예슬이가 보기 싫다.

예슬이를 보면 칭찬받고, 칭찬하기 위해 학교에 오는 것 같다. 예슬이 머릿속에는 칭찬과 감탄밖에 안 들어 있는 것 같다. 날마다 뭘 감탄하고 누구를 칭찬할지만 연구하는 것 같다.

'재수 없어.'

아무리 좋은 말도 예슬이 입에서 나오면 듣기 싫다. 지겹다. 짜증이 난다. 닭살 돋는다.

강희가 더 눈꼴신 것은 예슬이 둘레에 있는 아이들이다. 예슬이가 무슨 말을 할 때마다 벌떼처럼 달려들어 '어머, 그렇구나. 몰랐어.', '어쩌면, 넌 이런 것도 다 보니?' 하며 예슬이를 치켜세운다. 아마 예슬이 말이라면 산토끼가 태극기를 흔들며 애국가를 불렀다고 해도 믿을 거다.

'한심해.'

강희는 걸음을 빨리했다.

"어머, 지각하겠어. 얘들아, 뛰어가자!"

뒤에서 예슬이 목소리가 들렸다.

"정말! 어서 가자."

예슬이 말이 선생님 말씀이나 되는 것처럼 아이들이 뛰기 시작했다.

"강희야, 너도 얼른 뛰어!"

예슬이가 앞서 달리며 강희까지 챙겼다.

"너나 잘하셔."

강희가 쏘았지만, 아이들의 뛰는 소리에 묻혀 버렸다. 어느새 아이들과 예슬이는 강희를 앞질러 교문 안으로 들어갔다. 뒤에 남은 것은 뿌연 먼지와 강희뿐이었다.

"나쁜 계집애. 하는 짓마다 밉상이라니깐."

강희는 뒤에서 눈을 흘겼다.

긍정 에너지를 키우는 힘_칭찬

감탄사, 오예슬

예슬이 입에서는 끝도 없이 감탄과 칭찬이 쏟아졌다.
밥을 먹을 때도, 청소할 때도, 마찬가지였다.

"어머, 그래서?"

"지윤아, 그 머리핀 어디서 샀니? 너랑 참 잘 어울린다!"

"성진아, 지우개 빌려 줘서 고마워!"

"와, 멋지다. 어쩌면 넌 그렇게 기발한 생각을 할 수 있니?"

"슬기야, 필통 바꿨구나. 색깔이랑 디자인 참 좋다. 만지니까 기분도 좋고."

"찬우야, 어제 너희 외할머니 오셨지? 좋았겠다. 할머니랑 많이 놀았니?"

교실에 예슬이 목소리가 둥둥 떠다닌다. 아이들 소리에서 예슬이 목소리는 언제나 톡톡 튄다. 아이들은 예슬이 목소리가 꾀꼬리 같다고 한다. 새가 노래하는 것 같다고 한다. 선생님은 예슬이 목소리가 도레미파솔라시도의 '솔' 음처럼 맑고 경쾌하다고 한다. 그래서 국어책을 읽을 때 꼭 예슬이를 시킨다.

하지만 강희 귀에는 염소가 '매애!' 우는 것 같다. 돼지가 시끄럽게 '꿀꿀!' 대는 것 같다. 도대체 감탄사는 찬우 외할머니가 오신 것까지 어떻게 알까?

"예슬아!"

"예슬아."

"예슬아~"

이 분단 저 분단에서 예슬이를 찾는다. 예슬이가 없으면 아이들은 어떻게 공부하고 어떻게 놀지 궁금하다. 예슬이가 전학을 가면? 아이들은 다 따라갈 것이다. 예슬이가 화장실에 가면? 몇몇 여자애들은 진짜 따라간다.

'웃겨!'

강희는 도무지 이해할 수가 없다. 화장실까지 따라가서 뭘 어쩌겠다는 거야?

강희는 공책 뒷장에 이리저리 그림을 그렸다. 예슬이와 둘레에 있는 여자애들이었다. 아무렇게나 사람 얼굴 모양을 그려놓고, 그 애들의 입에 길게 반창고를 발라 버렸다.

'그만 좀 떠들어.'

그림 밑에다가 이렇게 썼다.

강희는 예슬이 입에 반창고를 바르고 검게 색칠했다. 그러자 예슬이 얼굴이 심술궂은 괴물로 변했다.

"어머, 재밌다! 깔깔!"

예슬이가 앉아 있는 자리에서 웃음소리가 터졌다.

"시끄러워 죽겠네. 좀 조용히 해!"

강희는 저도 모르게 소리를 꽥 질렀다.

"어머, 미안! 강희야, 미안해."

예슬이가 돌아보며 얼른 사과했다.

"예슬아, 괜찮아. 지금은 쉬는 시간이잖아. 노는 시간에 떠드는 게 뭐 어때서? 사과하지 않아도 돼."

예슬이와 붙어 다니는 성화였다.

"야, 조성화! 너 뭐라고 했어?"

강희는 발딱 일어났다. 5학년 3반 최고의 까칠이, 최강희를 건드리면 어떻게 되는지 따끔한 맛을 보여 주겠다!

강희는 성큼성큼 예슬이 무리 쪽으로 다가갔다.

"아냐, 강희야. 떠들어서 미안해. 내가 사과할게."

예슬이가 두 손을 싹싹 비볐다. 얼굴을 보니 진짜 미안해하는 것 같다. 강희는 성화 얼굴을 째려보며 따끔하게 충고했다.

"떠들려면 운동장에 나가란 말이야. 알겠어?"

"알았어. 미안해."

예슬이가 강희를 돌려세웠다. 강희는 이쯤 해서 못 이기는 척 자리로 돌아왔다. 어차피 예슬이 무리랑 붙어 봐야 강희만 손해다. 모두 예슬이 편이고, 강희 편은 아무도 없다는 걸 강희도 잘 안다.

"강희야, 잘했어. 최고!"

옆 분단에 앉아 있던 5학년 3반 최고의 삐딱이, 나희지가 엄지 손가락을 세웠다.

"아니꼬워 죽을 뻔했는데 속이 다 시원하다. 감탄사는 자기가 진짜 인기 스타라도 된 줄 알아. 어릴 때는 못난이 왕 울보였는데."

"뭐? 못난이 왕 울보라고?"

"너, 모르니? 나랑 감탄사랑 유치원 같이 다녔잖아. 정말 한심했어. 쟤, 유치원 올 때마다 엄마랑 헤어지기 싫다고 울고, 갈 때는 선생님이랑 헤어지기 싫다고 울었다니깐. 밉상도 그런 밉상이 없었어. 우리는 쟤랑 아예 상대도 안 했어. 함께 놀지도 않았고. 쟤는 친구가 한 명도 없었어. 아마 초등학교 들어와서도 그랬을걸?"

"그으래?"

강희는 먹이를 발견한 도둑고양이처럼 눈을 빛냈다.

"근데 어느 날 보니까 싹 변했더라. 목소리부터. 그전에는 쟤 목소리가 너무 작아서 들리지도 않았거든. 선생님께서 만날 목소리 크게 하라고 야단치셨어."

"근데 언제부터 바뀌었대?"

"몰라. 관심도 없어. 난 정말이지 우리 반 애들이 왜 감탄사를 좋아하는지 이유를 모르겠다니까."

"그건 나도 그래."

"그렇지? 후유, 너랑 감탄사 흉보니까 속이 다 시원하다. 그동안 갑갑해서 혼났거든. 아까 보니 너, 정말 멋있더라."

희지가 입꼬리를 당겨 웃었다.

"멋있기는 뭘. 근데 감탄사는 전학도 안 간다니? 제발 감탄사 얼굴 안 보고 목소리 안 들으면 소원이 없겠다."

"나도 나도! 역시 너와 나는 통하는 데가 있어. 딱 알아봤다니까. 우리 수업 끝나고 떡볶이 먹으러 갈래?"

"좋아!"

강희와 희지는 곧 의기투합했다. 강희는 감탄사를 싫어하는 애가 또 있다는 사실이 무척 반가웠다. 희지도 마찬가지인 것 같았다.

그날부터 강희는 몰래 예슬이를 지켜보기 시작했다.

'흠, 감탄사가 어릴 때는 못난이 왕 울보였단 말이지? 친구가 한 명도 없었단 말이지?'

강희는 꼬투리를 잡기 위해 예슬이가 무슨 말을 하고, 어떤 행동을 하는지 자세히 살폈다.

"어머, 진아야! 머리 모양 바꿨구나? 엄마가 땋아 주셨니? 너

희 엄마 솜씨 좋으시다. 잘 어울려!"

"우주야, 난 네 이름이 좋아. 우주! 이름을 부르면 내가 꼭 우주여행을 하는 기분이 들어."

"어머, 다경아. 손으로 입 가리지 마. 난 네 덧니가 좋아. 귀여워. 만화 영화 주인공 같아."

"우아, 오늘 밥엔 옥수수가 들어 있어. 옥수수밥인가 봐! 맛있겠다."

예슬이 입에서는 끝도 없이 감탄과 칭찬이 쏟아졌다. 밥을 먹을 때도, 청소할 때도, 놀 때도 마찬가지였다.

'어휴, 저 가식덩어리. 다경이 덧니가 뭐가 귀여워? 꼭 드라큘라같이 생겼는데. 옥수수밥이 뭐가 맛있어? 껄끄럽기만 하지.'

강희는 예슬이가 하는 말과 행동은 뭐든지 거슬렸다.

그동안 지켜본 감탄사는 참으로 별난 아이였다. 혼자 있을 때도 감탄사를 연발하고, 끊임없이 칭찬을 했다. 길을 가다가도 뭔가를 중얼거리며 한참 멈춰 서 있기도 했다. 몰래 다가가 보면 조그만 새싹 하나가 올라와 있거나 벌이 꽃 속에서 꿀을 따고 있었다.

'혼자서도 참 잘 노는구나. 기다려라, 오예슬! 내가 너의 정체를 밝혀 주마.'

강희는 주먹을 불끈 쥐었다. 언젠가 예슬이의 약점을 잡아 코를 납작하게 해 주리라 결심했다.

긍정 에너지를 키우는 힘_칭찬

뜻밖의 사고

예슬이가 다친 것이 꼭 자기 탓인 것만 같았다.
눈물 한 방울 나지 않는 자신도 싫었다. 로봇 같았다.

학교 담장에 오월의 장미가 피기 시작했다. 강희가 5학년이 된 지도 벌써 두 달이 지났다.

"얘들아! 얘들아!"

등교 시간에 예슬이의 짝꿍 진주가 얼굴이 샛노래져서 교실로 뛰어들어 왔다.

"큰일 났어! 예슬이가…… 예슬이가…….”

진주의 눈에서 눈물방울이 뚝뚝 떨어졌다. 끼리끼리 모여 잡담하던 아이들이 눈을 동그랗게 떴다.

"왜 그래? 예슬이가 또 칭찬상 받아? 그래서 배 아픈 거야?"

장난꾸러기 동주가 장난으로 받았다.

"그게 아니고 사고가 났어. 나랑 예슬이랑 성화랑 길 건너오는데, 갑자기 오토바이…… 오토바이가 휙 나타나서……."

"뭐? 그래서 어떻게 됐어?"

반장 재혁이가 벌떡 일어났다.

"소리 지르지 마. 무서워. 무서워 죽겠단 말이야. 흑흑!"

진주가 참았던 울음을 터뜨렸다.

"미안해, 진주야. 그, 그래서 어떻게 됐어?"

반장이 얼른 사과하며 진주 곁으로 다가갔다.

"예슬이를 치었어! 예슬이가 쓰러졌어. 난 몰라. 으앙!"

진주의 얼굴이 눈물, 콧물 범벅이 되었다.

"교통 도우미 아줌마가 와서 신고했어. 예슬이는 병원으로 가고, 성화는 예슬이 집으로 뛰어갔어. 난 막 학교로……."

"진주야, 선생님께 아직 얘기 안 했지? 여기 있어. 내가 선생님께 말씀드리고 올게!"

반장이 부리나케 교무실로 뛰어갔다. 늦게 등교한 아이들이 "무슨 일이야? 왜 그래?" 하며 묻고 대답하느라 교실이 술렁거렸다.

"아, 예슬아. 예슬아."

"어떡해! 예슬이 죽으면 어떡해?"

예슬이가 죽는다는 말에 교실은 금방 울음바다가 됐다. 반장이 선생님을 모시고 헐레벌떡 뛰어왔다.

"애들아, 진정해라. 선생님이 알아보고 올 테니 마음 가라앉혀. 분명히 큰 사고는 아닐 거야. 그러니 걱정하지 마라. 반장은 옆 반 수업에 방해되지 않게 자습시키고."

선생님은 다시 교무실로 가셨다. 아이들은 둥그렇게 모여 울먹이거나 진주한테 들은 이야기를 하고 또 했다.

한참 후, 선생님께서 다시 오셨다.

"애들아, 예슬이는 근처 병원에서 검사를 받고 있단다. 생명에는 아무 지장이 없다니 걱정하지 마라. 다리뼈가 부러진 모양이니 수술하면 괜찮아질 거야."

"으아, 수술!"

동주가 소리치자 아이들이 또다시 울먹였다.

"괜찮아. 뼈 부러진 건 치료만 잘 받으면 된단다. 그래도 머리를 안 다쳐서 얼마나 다행이냐. 후유."

선생님이 참았던 숨을 길게 내쉬었다. 그제야 아이들도 휴지를

꺼내 코를 푼다, 눈물을 닦는다 하며 부산을 떨었다.

그 시간 동안 강희는 꼼짝 않고 앉아 있었다. 나무토막이라도 된 듯했다.

"자, 이제 수업 시작하자."

선생님께서 수업을 시작할 때도 강희는 고개를 들 수 없었다. 아이들이 언제 울었느냐는 듯 책을 펴고 짝꿍과 귓속말하며 공부할 때도 마찬가지였다. 보기 싫은 밉상 오예슬이 다쳤다니, 솔직히 처음엔 조금 고소한 마음이 들었다. 그러다 예슬이가 죽을지도 모른다고 생각하자 가슴이 덜컥했다. 며칠 전에 희지와 예슬이 흉을 본 것도 걸렸다. 얼굴 안 보고 목소리 안 들었으면 속이 시원하겠다고 입방아를 찧은 일도 떠올랐다.

'혹시 그 말 때문에……?'

강희는 또다시 가슴이 철렁했지만, 얼른 고개를 저었다.

'아니야. 아닐 거야.'

예슬이가 다친 것이 꼭 자기 탓인 것만 같았다. 다른 아이들은 다 우는데 눈물 한 방울 나지 않는 자신도 싫었다. 로봇 같았다.

수업이 끝나자, 선생님께서 다시 예슬이 얘기를 꺼냈다.

"선생님은 좀 있다 병원에 가 볼 생각이야."

"선생님, 저희도 가 볼래요!"

반장이 번쩍 손을 들었다.

"아니야. 아직 정신이 없을 테니 조금 안정된 뒤에 가거라."

선생님께서 말렸다.

다음 날 아침, 선생님께서 예슬이 병문안 다녀온 얘기를 해 주었다.

"다행히 빨리 수술을 해서 예슬이가 깨어나 있더구나. 발목뼈가 부러져 수술하고 팔에 깁스했는데 다른 곳은 말짱해. 뼈가 붙을 동안만 입원해 있으면 된다니까 걱정하지 마라. 그리고 병문안 가고 싶은 친구들은 수업 마치고 가도 좋아."

"야호!"

"아, 다행이야!"

"예슬아, 얼른 낫기를 바라."

아이들이 소곤거리며 두 손을 꼭 잡았다.

점심시간에 반장이 병문안 갈 아이들은 손을 들라고 했다. 너도나도 손을 들었다. 몇몇 아이들은 가고 싶지만, 학원 때문에 못 간다며 아쉬워했다.

"좋아. 한꺼번에 가면 복잡할 거야. 오늘은 대표로 몇 명만 가고, 시간 나는 대로 가는 게 좋겠어. 그리고 다들 예슬이가 빨리 낫기를 바라는 마음에서 편지를 쓰는 게 어때? 병원에 있으면 심심할 테니까, 우리가 쓴 편지를 읽으면 힘이 날 거야. 예슬이에게 위문편지 쓰기, 좋은 방법이지?"

"좋아, 좋아!"

"당장 쓰자. 아니 밥 먹고 쓰자!"

글쓰기를 싫어하는 지훈이까지 나섰다.

"피, 예슬이가 무슨 군인이니? 위문편지를 쓰게?"

삐딱이 노희지였다. 모두의 눈이 희지에게로 쏠렸다.

"노희지, 그게 무슨 말이니? 넌 같은 반 친구가 다쳤는데 걱정되지도 않니? 편지 한 장 쓰는 게 뭐가 그렇게 어려워?"

성화가 정색하고 따졌다.

"그러게 누가 다치랬니? 등하굣길 조심해야 하는 거 몰라?"

"너, 정말! 그럼 예슬이가 조심하지 않아서 다쳤다는 거니? 예슬이 잘못이라는 거야?"

"얘들아, 잠깐! 쓰기 싫으면 관둬. 강요는 아냐. 쓰고 싶은 사람만 써."

반장이 나섰다. 반장은 겉으로는 차분하게 말했지만, 화가 많이 난 것 같았다. 아이들도 작은 소리로 구시렁거렸다. 보나 마나, 희지 흉을 보는 거다.

강희는 안절부절못했다. 희지 편을 들어 줘야 할지 가만있어야 할지 알 수 없었다. 머릿속으로 고민만 하다 시간이 지나 버렸다.

점심시간에 아이들 대부분은 편지를 썼다. 강희는 입술을 잘근잘근 깨물었다. 편지를 써야 할까? 말아야 할까? 쓰자니 그동안 예슬이를 흉보고 욕한 게 걸리고, 안 쓰자니 그것 또한 마음에 걸렸다.

  강희는 마지막 5교시까지 고민하다가 공책 한 장을 북 찢었다. 그리고 아무렇게나 휘갈겨 썼다.

    빨리 낫기를 바라.   -최강희.

  딱 한 줄이었다. 더 쓰고 싶은 말도, 쓸 말도 없었다.

  강희는 누가 볼세라 얼른 편지를 접어 손바닥만 하게 만들었다. 수업을 마치고 반장이 편지를 거둬 갔다. 강희는 편지를 내면서도 계속 마음이 찜찜했다.

  '최강희, 솔직하게 말해. 너, 진짜로 감탄사가 빨리 낫기를 바라는 거니?'

  자신에게 물었다. 그런 것 같기도 하고, 아닌 것 같기도 했다.

  '너무 짧았나?'

  걱정도 되었다.

  '에잇, 몰라.'

  희지 말처럼 다른 애들은 멀쩡히 잘 오는데 혼자 오토바이에 치여 여러 사람 불편하게 하는 예슬이가 미웠다. 하여튼 처음부

터 끝까지 신경을 거슬리게 하는 아이였다.

"너, 썼니?"

종례 시간

종례 시간 전에 희지가 다가왔다. 편지를 썼냐고 묻는 것이다.

"어, 으응."

강희는 죄라도 지은 것처럼 말을 얼버무렸다.

"반장이 쓰고 싶은 사람만 쓰랬잖아."

왜 썼냐고 따지는 거다.

"그, 그러게."

강희는 강희답지 않게 말까지 더듬었다. 어제까지만 해도 마음이 잘 통한다고 느꼈던 희지가 조금 부담스러워졌다.

'내가 왜 이러지?'

강희는 자신의 마음을 알 수 없었다. 가슴에 돌덩이가 들어 있는 것처럼 답답하고, 무겁고, 불편했다.

세상을 바꾸는 칭찬 ❶

♥ 친구를 행복하게 만드는 칭찬 한마디

"넌 웃는 게 참 예뻐."
"너를 보면 힘이 생겨. 기분이 좋아져."
"너처럼 성격이 밝은 애는 처음 봤어."
"너를 생각하기만 해도 좋아. 웃음이 나."
"넌 참 괜찮은 친구야."

"밥을 참 맛있게 먹는구나. 나까지 입맛이 좋아져."
"넌 글씨를 참 잘 써. 글씨는 마음의 창이래."
"어쩌면 그렇게 말을 예쁘게 하니?"
"네 눈빛이 반짝반짝해."
"참 정리정돈을 잘하는구나."
"네 목소리가 듣기 좋아."

"운동을 참 잘하는구나."
"너는 재치가 있어."
"약속을 참 잘 지키는구나."
"네가 최고야."
"너와 친구가 되어 기뻐."
"너를 알게 된 건 행운이야."

Rainbow 2

작은 관심에서 시작된 칭찬

관심은 관심을 낳고, 무관심은 무관심을 낳아요.
"너는 그림을 참 잘 그리는구나!"
"너는 공을 잘 차."
작은 관심에서 시작된 칭찬이 씨앗을 틔워요.
씨앗은 새싹이 되고 커다란 나무로 자라 꽃을 피우고 열매 맺지요.
먼 훗날 훌륭한 화가가 되게 하고 축구 선수가 되게 하지요.

예슬이의 편지

강희는 멍하니 앞에 놓인 편지를 바라보았다.
몇몇 남자애들은 다른 애들도 들리게 큰 소리로 읽었다.

다음 날 아침, 5학년 3반의 화제는 단연 오예슬이었다.

"얘들아, 예슬이 병실에 가 봐. 먹을 게 잔뜩 쌓였어!"

"예슬이는 벌써 병실을 주름잡았더라. 인기 최고야!"

"예슬이 깁스한 팔에 사인해 주고 왔다! 히히. 내 사인이 가장 멋져!"

"예슬이가 병원에 있으니까 기분이 이상해. 우리가 병원으로 등교해야 할 것 같아."

병문안 다녀온 아이들이 예슬이 소식을 전하느라 법석이었다.

"예슬이한테 편지 전해 주니까 엄청 감동하더라. 눈물을 뚝뚝

흘리는 거 있지. 그것 보고 나도 울었어."

"나도. 잉잉. 예슬이가 불쌍해. 우리랑 놀지도 못하고…… 공부도 못 하고."

"야, 공부 안 하면 좋지 뭘 그래. 시험도 안 치고. 나도 예슬이처럼 환자였으면 좋겠다!"

동주가 분위기를 띄웠다.

"나도 병원에 입원해 봤으면……. 난 이제까지 한 번도 아파 본 적이 없어."

아이들은 입원한 예슬이를 부러워하기도 했다.

"정말 아니꼬워서 못 봐 주겠네. 여기가 교실이야, 병원이야?"

희지가 구시렁거렸다. 아닌 게 아니라 강희 마음속에서도 스멀스멀 예슬이에 대한 질투가 피어올랐다.

학교에 있을 때나 없을 때나 언제나 아이들의 관심 속에 있는 오예슬. 모든 화제의 주인공인 오예슬. 무대 앞에서나 뒤에서나 언제나 주인공은 오예슬.

병원에 있어도 예슬이의 인기는 더 높아만 간다. 눈에 안 보이면 신경이 안 쓰일 줄 알았는데 더 신경 쓰인다.

강희는 이런 자신이 싫었다.

'내가 왜 이러지?'

강희는 머리를 흔들어 예슬이 생각을 떨쳐 버렸다.

그 며칠 뒤였다. 병문안을 다녀온 아이들이 편지 한 묶음을 가져왔다.

"짠! 애들아, 이게 뭐게?"

성화가 편지 묶음을 들고 소리쳤다.

"뭔데, 뭔데?"

성미 급한 아이들이 벌떡 일어났다.

"예슬이 편지야. 저번에 우리가 편지 보내 준 거 있잖아. 그에 대한 답장! 예슬이가 오른팔을 다쳐 깁스했잖아. 그래서 연필 잡기도 힘든데 이렇게 답장을 다 썼더라고. 정말 대단하지?"

"감동이야. 예슬이 최고. 짱!"

"역시 예슬이는 뭐가 달

라도 달라!"

아이들의 칭찬이 이어졌다.

"자, 내가 나눠 줄게. 이정서!"

성화가 편지 봉투에 쓰인 이름을 보고 불렀다. 강희는 얼굴이 화끈 달아올랐다. 예슬이가 모두에게 답장을 썼다고? 달랑 한 줄짜리 편지를 썼는데, 답장이라니! 절대 받고 싶지 않다. 어쩌면 강희에게는 답장을 안 했을지 모른다. 한 줄짜리 편지에 뭐라고 답장을 할 것인가? 아니면 똑같이 한 줄로 답을 했을지 모른다. '그래, 고마워.' 라고.

강희는 제발 자신의 이름이 불리지 않기만 바랐다.

"최강희!"

성화가 강희 이름을 크게 불렀다. 강희는 고개를 푹 숙여 버렸다. 그러자 성화가 강희 앞으로 와 책상 위에 편지를 놓아 주고 갔다.

"노희지!"

희지의 이름이 불리자, 아이들은 고개를 쭉 뺐다.

"뭐야, 희지는 편지 안 썼잖아?"

"그러게 말이야. 희지에게 왜 편지를 보낸 거지? 예슬이가 착각했나 보네."

여자애들이 소곤거렸다. 희지도 편지를 받지 않고 가만있었다. 성화가 희지 자리에 편지를 탁 놓았다.

"뭐야?"

희지는 골난 얼굴로 고개를 홱 돌려 버렸다.

강희는 멍하니 앞에 놓인 편지를 바라보았다. 아이들은 벌써 봉투를 찢고 편지를 읽고 있었다. 몇몇 남자애들은 다른 애들도 들리게 큰 소리로 읽었다.

강희는 편지를 슬그머니 서랍 안에 밀어 넣었다. 도저히 꺼내 볼 자신이 없었다. 만약 백지로 온 편지라면? 딱 한 줄만 쓰여 있다면? 자기 욕이 잔뜩 쓰여 있다면? 온갖 상상이 다 되었다.

쉬는 시간에 강희는 편지를 주머니에 구겨 넣고 화장실로 갔다. 변기에 앉아 떨리는 손으로 봉투를 찢었다. 편지지가 한 장도 아니고 세 장이나 나왔다. 글씨는 1학년이 쓴 것처럼 삐뚤삐뚤했다. 정말 연필 잡기가 어려웠나 보다.

강희는 정신없이 편지를 읽었다.

강희야, 안녕!

나, 오예슬. 아니, 감탄사.

기억나? 이 별명 너 때문에 얻은 거잖아. 국어 시간에 선생님께서 감탄사 설명할 때, '우리 반에도 감탄사 있는데.'라고 네가 그랬잖아.

넌 어떤 마음으로 말했는지 모르지만, 난 이 별명이 좋아. 나하고 딱 어울려.

헤헤. 그런 것 같지? (^^)

다른 애들은 나보고 '칭찬 박사'라 하지만 난 감탄사라는 별명이 더 마음에 들어.

강희야, 나한테 편지 보내 줘서 정말 고마워.

딱 한 줄밖에 없는 편지였지만 그래서 더 가슴에 와 닿았어. 네 말처럼 빨리 나을게. 신경 쓰게 해서 미안해!

의사 선생님은 다리뼈가 제대로 붙으려면 꼼짝 않고 두 달은 있어야 한대. 으악, 두 달! 어떡하지? 두 달은 너무 길어. 빨리 학교도 가고 싶고, 친구들도 보고 싶어. 너도.

너……, 아니? 내가 너랑 얼마나 친구가 되고 싶어 했는지. 4학년 때부터였던 것 같아. 가끔 학교 오가는 널 본 적이 있거든.

넌 톡톡 쏘는 말과 행동이 가장 큰 매력이야. 카리스마가 있어. 너를 볼 때마다 닮고 싶다고 생각했는데 너는 나를 별로 좋아하지 않는 것 같았어.

누가 그러더라. 서로 반대되는 성격이 친구가 되면 좋다고. 너랑 나랑

뒷장에 계속^^

은 많이 다르지만 그래서 더 좋은 친구가 될 수 있을 것 같아.

너와 친구가 되고 싶어.

우리 친구 할래?

참, 내 선물 하나 받아줘.

어젯밤에 그린 네 얼굴이야.

더 잘 그릴 수 있는데 팔이 아파서 그런 거니까 이해해 줘. 마음에 안 드는 곳이 있으면 말해. 다 나아서 학교에 가면 고쳐 줄 테니까 (^^). 설마 이 그림 마음에 안 든다고 휴지통에 버리는 건 아니겠지? (농담이야^^)

강희야, 너에게 편지를 쓰니 기분이 참 좋아.

편지 계속 보내도 되니? 그래도 된다면 이메일로 보낼게. 학교 홈페이지에 있는 네 메일로.

여기 휴게실에 컴퓨터가 세 대 있어. 차례를 한참 기다려야 하지만, 너에게 편지를 쓸 수 있다면 난 기쁘게 기다릴 거야.

그럼 안녕!

강희야, 편지 보내 줘서 정말 고마워!

예슬이의 편지는 이렇게 끝났다. 다 읽고 보니 편지지 곳곳에 알록달록한 스티커가 붙어 있었다. '너랑 친구가 되고 싶어! 넌 진짜 멋있는 아이야! 난 네가 좋아! 내 친구가 되어 줄래?' 같은 글이 적힌 스티커였다.

'병원에 있는 애가 스티커는 어떻게 구한 거야?'

강희는 입을 삐죽이며 스티커를 손으로 문질러 보았다. 강희도 한때 스티커 놀이를 즐긴 적이 있다. 필통과 책가방, 공책, 보이는 곳마다 예쁜 스티커를 붙였다. 하지만 이제 그런 짓은 하지 않는다. 학년이 높아지면서 스티커 놀이가 유치해졌다. 그런데 예슬이가 보낸 스티커를 보니 기분이 묘했다.

'4학년 때부터 나를 알았다고?'

강희는 고개를 갸웃했다.

'나와 친구가 되고 싶다고?'

강희는 왠지 웃음이 나올 것 같아 입을 꾹 다물었다. 심호흡을 하고 마지막 장을 펼쳤다. 거기에 어떤 여자애가 그려져 있었다.

'이게 나란 말이야?'

웃지 않으려 안간힘을 썼는데 절로 웃음이

났다. 꼭 순정 만화책 속에 나오는 주인공처럼 그려 놓았다.

'내가 이렇게 생겼다고?'

다시 피식 웃음이 났다. 그림 속 여자애는 강희보다 훨씬 예쁘고 날씬했다. 눈도 크고 쌍꺼풀도 짙었다. 얼굴은 자그마하고 코는 오뚝했다.

'뭐야? 그림 솜씨가 형편없잖아.'

이렇게 생각하다가 강희는 멈칫했다. 언젠가 예슬이 입에 반창고를 발라 버린 자신의 그림이 떠올랐다. 얼굴이 화끈 달아올랐다. 강희는 예슬이 얼굴을 심술궂은 괴물로 만들었는데, 예슬이는 강희 얼굴을 만화 주인공처럼 예쁘게 그려 줬다. 강희는 딱 한 줄만 써서 보냈는데, 예슬이는 답장을 세 장이나 보내왔다.

강희는 편지를 들고 멍하니 화장실에 서 있었다. 수업 시작종이 울렸는지 아이들이 뛰는 소리가 났다. 편지를 차곡차곡 접어 주머니에 넣었다.

가슴이 크게 콩닥거렸다. 강희는 손으로 가슴을 지그시 눌렀다. 그래도 가슴은 계속 뛰었다.

"너, 감탄사 편지 봤니?"

교실로 가는 길에 희지와 마주쳤다.

"어? 으…… 응."

"나한테도 보냈더라. 치, 그깟 편지. 그러면 내가 감동할 줄 알고?"

희지가 입꼬리를 비틀었다. 강희는 힐끔 희지 얼굴을 바라보았다. 꼭 예전의 자기 얼굴을 보는 기분이었다. 무슨 일에나 비아냥거릴 준비부터 하고 잔뜩 못마땅해하는 얼굴. 지금도 마찬가지지만.

'내 얼굴도 저랬겠지?' 라고 생각하니 가슴이 꽉 막혔다.

"뭐라고 보냈어?"

희지가 눈을 빛냈다.

"그냥. 편지 보내 줘서 고맙다고."

강희는 왠지 길게 얘기하고 싶지 않아 짧게 대답했다.

"나보고는 차 조심하라고 썼더라. 진짜 웃겨. 사고 난 애가 누굴 걱정하는 거야?"

희지가 끝까지 비꼬았다. 강희는 말없이 자리로 와 앉았다.

그날 밤, 강희는 학교 홈페이지에 들어가 보았다. 친구 하자던 예슬이 말이 계속 머릿속에 맴돌았다. 강희는 마음이 흔들렸지만 세차게 고개를 저었다. 늘 수많은 친구에, 좋은 말만 입에 달고 사는 예슬이 말에 속고 싶지 않았다. 어쩌면 친구 하자는 말도 그냥 한 말인지도 모른다. 강희는 그런 빈말에 절대 속지 않으리라 다짐했다.

예슬이의 메일 주소를 찾아 편지를 썼다.

난 친구 필요 없어. 안 사귀어.

딱 한 줄이었다. 다 쓴 뒤, 편지를 보낼까 말까 조금 망설였다.
'에잇, 몰라.'
강희는 '편지 보내기'를 꾹 눌렀다. 편지가 어딘가로 휘리릭 날아갔다.

긍정 에너지를 키우는 힘_칭찬

무지개 비법

내 생활과 성격을 바꾸어 준 무지개 비법, 궁금하지 않니?
궁금하다면 알려 줄 수 있는데.

강희는 새벽에 이상한 꿈을 꾸었다.

어떤 여자애와 함께 들판에 서 있는 꿈이었다. 여자애가 토끼풀꽃을 뜯어 목걸이를 만들어 줬다. 강희는 여자애에게 풀꽃 시계를 만들어 줬다. 꿈속에서 강희와 여자애는 손을 잡고 들판을 걸어 다녔다. 아주 다정한 친구 사이 같았다. 둘은 마주 보고 뭐라고 종알거리며 활짝 웃었다.

'감탄사!'

여자애는 뜻밖에도 오예슬이었다.

강희는 웃다가 잠이 깼다. 깨고 나서도 얼른 웃음이 사라지지 않았다. 그 느낌이 어색하면서도 싫지 않았다. 강희는 다시 눈을 감았다.

'오예슬.'

강희는 자신도 모르게 예슬이 이름을 불렀다. 늘 별명으로만 불렀는데 진짜 이름을 부르니까 어색했다. 느낌이 아주 많이 달랐다.

'오…… 예…… 슬.'

다시 한 번 천천히 불러 보았다. 기분이 이상했다. 겉으로는 친구 안 사귄다고, 필요 없다고 했지만 강희 마음속에서는 친구를 원하고 있는지도 몰랐다.

강희는 벌떡 일어났다. 컴퓨터를 켜고 이메일을 확인했다. 예슬이의 편지가 와 있었다. 마른침을 꿀꺽 삼켰다.

보낸 사람 : 오예슬
받는 사람 : 최강희

강희야…….

난 그랬어. 다른 친구들도 많지만, 너와 친구가 되고 싶었어.

안 되겠니?

내가 많이 부족한 건 알지만…… 더 많이 노력할게.

사실 나, 4학년 되기 전까지만 해도 엄청 힘들었어. 넌 잘 모르겠지만 난 외톨이, 왕따였거든. 친구를 사귈 줄도 모르고, 부끄럼도 많이 타고, 소심했어. 아무도 나와 놀아 주지 않았지.

난 성격을 바꾸려고 웅변 학원까지 다녔어. 목소리 작다고 선생님께 늘 꾸중을 들었거든. 웅변 학원 다니는 것도 처음엔 정말 힘들었어. 원장님께 꾸중도 많이 들었어.

강희 너, 내 목소리 싫어하지?

말 안 해도 다 알아. 웅변을 하다 보니까 어느 순간 목소리가 한 옥타브 높게 변해 버렸어. 이제 다시 바꾸려고 해도 잘 안 돼.

강희야, 친구가 하나도 없던 내가 어떻게 친구를 사귀게 되었는지 궁금하지 않니? 내 성격이 어떻게 바뀌었는지 알고 싶지 않아?

그건 바로 나만의…… 무지개 비법 때문이야.

무지개 비법이 뭐냐고? 그건 내가 만든 일곱 가지 칭찬 비법이야. 내 성격과 생활을 바꾸어 준 무지개 비법. 친구를 사귀기 위해 노력하면서 하나하나 알게 된 거야.

강희야, 오해하지 말아 줘. 처음부터 일부러 칭찬하려고 한 건 아니었어. 마음에 없는 말을 한 것도 아니었어. 어떻게 하면 쉽게 친구를 사귈 수 있을까? 내 마음을 전할 수 있을까? 궁리하다가 알게 된 거야.

나의 무지개 비법이 궁금하지 않니? 궁금하다면 알려 줄 수 있는데…….

답장해 줄래?

예슬이의 편지는 여기서 끝났다. 강희는 희지가 말하던 예슬이 모습을 떠올려 보았다. 지금 예슬이의 편지는 희지가 말하던 것과 똑같았다. 예슬이를 변하게 한 칭찬 비법? 무지개 비법이라고?

강희는 그게 뭔지 무척 궁금했다. 예슬이가 어떻게 변했는지 궁금해서 염탐도 했는데 이제 예슬이가 자기 입으로 말해 주겠다고 한다.

마음 한편에서 '하나도 안 궁금해. 관심 없어.' 라는 말이 떠올랐다. 강희는 좀 전에 꾼 꿈을 되새겨 보았다. 꿈에서 강희는 무척 기쁘고 즐거웠다. 아직 그 느낌이 사라지지 않았다.

'뭘 망설이는 거니? 네 마음이 시키는 대로 해.'

또 다른 마음이 고개를 쳐들었다. 강희는 저도 모르게 '편지 쓰기'를 선택해서 이렇게 썼다.

궁금해. 알려줘.

또 딱 한 줄이었다. 한 줄 쓰고 나니 더 쓸 말이 떠오르지 않았다.

사실은 병원 생활이 어떠냐고, 잠은 잘 오느냐고, 밥은 맛있느냐고, 수술한 곳은 괜찮느냐고, 주사는 얼마나 아픈 거냐고, 묻고 싶은 말들이 많았지만 쓰지 못했다. 괜히 친한 척하는 것 같고, 빈말하는 것 같아 쓰지 못했다.

강희는 일찍 일어난 김에 방 청소를 하고 거실로 나갔다. 엄마가 아침밥을 준비하다 깜짝 놀란 얼굴을 했다.

"어쩐 일이니? 이 시간에 다 일어나고?"

"그냥요."

"그냥은 무슨. 요즘 좀 변한 것 같아. 학교 가기 싫다는 소리도 안 하고. 그 친구랑 화해했니?"

"화해는요. 싸우지도 않았는걸요, 뭐."

"그래? 근데 왜 보기 싫다 그랬어?"

"몰라요."

"모르긴. 다 이유가 있지. 친구랑 사이좋게 지내라."

"친구가 아니라니까요."

"친구가 아니면 뭐니, 도대체?"

"……"

강희는 얼른 대답하지 못했다. 저번에는 원수보다 더하다고 했는데, 이젠 뭐라고 대답해야 할까? 원수까지는 아니지만 그렇다고 아직 친구도 아니다.

"그냥 아는 애요. 아직 잘 모르지만."

"그럼 하나하나 찬찬히 알아 가도록 해. 넌 다 좋은데 감정 표현이 서툴러서 탈이야. 네 마음을 표현할 줄 알아야 해. 그래야 남들도 알지."

엄마가 다정하게 말했다. 강희는 대답하지 않았다. 엄마 말은 잘 알겠는데 그 표현을 어떻게 해야 하는지 알 수 없었다. 자기 마음을 표현한다는 것은 마음을 다 들켜 버리는 것과 같아서, 강희는 좀처럼 마음을 열 수 없었다. 내보일 수가 없었다.

"이야, 우리 강희! 일찍 일어났구나! 놀라운걸!"

아빠가 씻고 나오면서 감탄했다. 아빠의 모습을 보니 피식 웃음이 났다. 예슬이의 감탄하는 모습과 비슷했기 때문이다.

일찍 일어나니 시간이 넉넉했다. 느긋하게 아침을 먹고 양치도 깨끗하게 했다. 옷을 갈아입으러 방으로 들어온 강희는 다시 컴퓨터를 켰다. 예슬이가 메일을 열어 봤을지 어쨌을지 궁금했다. 수신 확인을 보니 '읽음' 표시가 떴다.

'빨리도 일어났네.'

혼자서 생각하는데 메일이 도착했다. 예슬이의 메일이었다. 이렇게 메일이 빨리 왔다갔다하다니! 강희는 가슴이 두근거렸다. 마치 예슬이와 텔레파시가 통하는 느낌이었다. 보이지 않는 끈으로 연결된 느낌이었다.

강희야, 고마워!
네 편지 보고 정말 기뻤어.
병원에서는 아침을 일찍 먹거든. 그리고 우리 방에 할머니 한 분이

계시는데 엄청 일찍 일어나셔. 새벽 네 시 반에 일어나서 텔레비전을 켠다니깐. 다른 환자들이 눈총을 주지만 끄떡도 않으셔(^^).
그래도 할머니 덕분에 내 늦잠 버릇을 고칠 수 있어서 다행이야. 할머니께 감사해.
음. 예슬이의 성격을 싹 바꾼 칭찬 비법, 예슬이의 무지개 비법이 궁금하단 말이지? (헤헤, 네가 궁금하다고 해 줘서 정말 좋아^^. 기뻐! 네가 궁금하지 않다고 했으면 나, 엄청 실망했을 거야.)
이제 나만의 무지개 비법을 공개할게(기대하시라, 두구두구!).

첫째, 나부터 칭찬할 것!
놀랐지? 대단한 비법이 있을 줄 알았는데, 실망했니?
처음에 웅변 학원 원장님이 그러셨어. 내가 소극적이고 남과 잘 어울리지 못하는 것은 나를 인정하지 않아서라고. 먼저 나부터 사랑하는 법을 배우라고 하셨어. 그래야 남을 이해하고 사랑할 수 있다면서.
원장님은 매일 아침 일어나면 거울을 보고 3분 동안 나를 칭찬하라고 하셨어. 처음엔 쑥스러워서 한 마디도 못했어. 근데 하루하루 지날수록 나를 칭찬할 게 많아지는 거야.
우리는 무슨 대단한 칭찬거리가 있어야 칭찬할 수 있다고 생각하잖아. 그런 게 아니었어. 내 칭찬거리를 찾으니까 아주 많더라고(너, 나

비웃으면 안 돼.^^). 나중엔 3분으로 모자랐어. 5분까지도 칭찬해 봤다니까.

강희야, 너도 한번 해 보지 않을래? 내 방법이 맞는지 틀리는지. 틀림없이 너도 놀라운 경험을 하게 될 거야.

꼭 기억해. 무슨 대단한 일을 해야 칭찬할 수 있는 게 아냐. 그냥 개미를 밟을 뻔했는데 잘 피해서 개미를 살렸다고도 칭찬하고, 운동장에 떨어진 휴지 한 장 주운 것도 칭찬하고, 경비 아저씨께 인사한 것도 칭찬하고, 칭찬할 게 정말 많아. 칭찬할수록 칭찬할 게 많아지는 것 같아. 신기해.

남을 칭찬하려면 먼저 자신을 칭찬할 수 있어야 해. 난 그 말이 옳다는 걸 알았어.

강희야, 어떠니?

내 말에 동의한다면 너도 오늘부터 꼭 해 보길 바라. 3분이 길면 처음엔 1분, 아니 30초만 해도 좋아. 단, 계속해야 해.

난 이제 너에게 편지를 쓰고 답장받는 게 가장 기쁜 일 중의 하나가 됐어.

네 편지가 와 있으면 아픈 것도 다 잊어. 간호사 언니가 놓아 주는 주사도 잘 참을 수 있어.

강희야, 아자아자!

오늘도 좋은 하루 보내길 바라. 내 몫까지 신나게 놀아 줘!

강희는 얼른 시계를 보았다. 학교 갈 시간이 다 되어 가고 있었다. 그래도 '편지 쓰기'를 눌렀다.

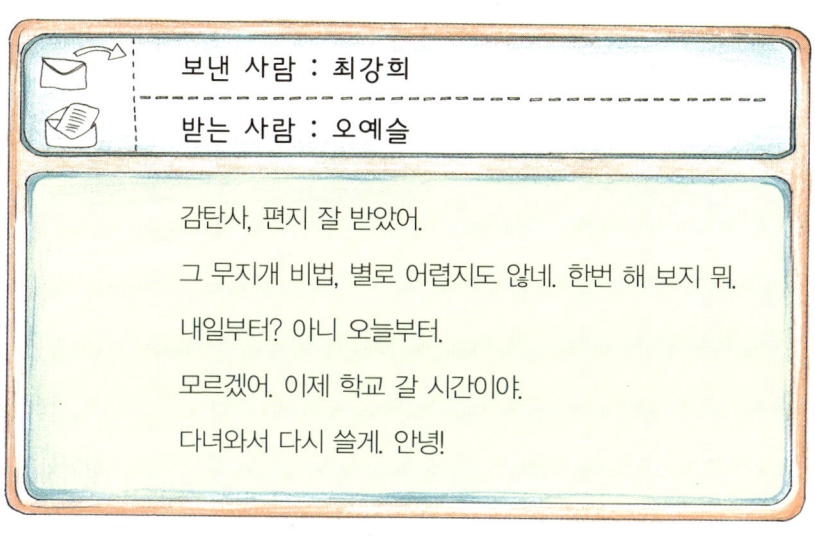

보낸 사람 : 최강희
받는 사람 : 오예슬

감탄사, 편지 잘 받았어.
그 무지개 비법, 별로 어렵지도 않네. 한번 해 보지 뭐.
내일부터? 아니 오늘부터.
모르겠어. 이제 학교 갈 시간이야.
다녀와서 다시 쓸게. 안녕!

강희는 얼른 '편지 보내기'를 눌렀다. 이제까지 예슬이에게 쓴 편지 중에 가장 긴 편지였다. 강희는 옷을 갈아입고 가방을 챙기고 마지막으로 거울 앞에 섰다.

"최강희."

강희는 거울을 보고 자기 이름을 불렀다. 피식 웃음이 났다.

"최강희. 강희야, 넌……."

예슬이 말처럼 칭찬하려 해 보았지만 잘되지 않았다.

"넌 참……."

강희는 입술을 달막거리다 꾹 다물었다. 시간이 뚝딱뚝딱 지나갔다.

'넌 참…… 괜찮은 아이야.'

소리 내어 말하진 못하고 마음속으로 말해 주었다. 말하자마자 얼굴이 확 달아올라 얼른 방에서 나왔다.

"학교 다녀오겠습니다!"

강희는 큰 소리로 인사하고 현관문으로 달려갔다.

"얘, 강희야! 엄마랑 같이 나가자!"

엄마가 주섬주섬 가방을 챙겼다.

"저 늦었어요. 엄마, 수고하세요!"

엄마는 현관문 앞에 서서 멀뚱한 얼굴로 강희 뒷모습을 바라보았다.

"쟤가 웬일이람. 수고하란 말까지 다 하고."

긍정 에너지를 키우는 힘_칭찬

나부터 칭찬하기

"최강희, 넌 참 좋은 아이야. 멋진 아이야."
좀 멋쩍긴 했지만 실실 웃음이 나왔다.

강희는 학교까지 뛰어갔다. 시간이 늦기도 했지만, 가슴에서 뜨거운 것이 치솟아 걸어갈 수 없었다. 학교 가는 게 좋다던 예슬이 말이 떠올랐다.

'학교 가는 게 정말 좋을 수도 있구나.'

강희의 걸음이 나는 듯 경쾌했다.

언제나처럼 교실은 아이들의 웃음소리와 고함으로 시끄러웠다. 예슬이 병문안을 다녀온 아이들은 예슬이에 대해 떠들었다.

강희는 가만히 자리에 앉았다. 가슴속에 비밀 하나를 품고 있는 기분이었다. 소중해서 아무에게도 말하고 싶지 않은 비밀, 아무에게도 들키고 싶지 않은 비밀이었다.

강희는 쉬는 시간에 화장실로 달려갔다. 거울 앞에 서서 아침에 못한 칭찬을 해 보았다.

"강희야, 행복하니?"

작은 소리로 물었다. '응.' 하고 가슴이 대답했다.

"예슬이와 친구가 되고 싶니?"

가슴에서 또 '응.' 하고 대답했다.

"그럼 네 가슴이 시키는 대로 해."

'응.' 하고 가슴이 대답했다.

"최강희, 넌 참 좋은 아이야. 멋진 아이야."

아침에 마음속으로만 한 말을 소리 내어 말했다. 좀 멋쩍긴 했지만 실실 웃음이 나왔다. 가슴이 조금 펴지는 기분이었다.

"너, 거울 보며 뭐라고 중얼거리는 거니?"

희지가 뚱한 얼굴로 화장실에서 나왔다. 강희는 나쁜 짓을 하다 들킨 것처럼 얼굴을 붉혔다.

"으응. 아무것도 아니야."

강희는 얼굴의 열을 식히기 위해 수도꼭지를 틀어 세수했다.

"너, 감탄사 병문안 안 갔지?"

희지가 거울 속의 강희를 말똥하니 쳐다보았다.

"응."

"앞으로도 안 갈 거지?"

희지가 다짐하듯 물었다.

"으…… 응."

"대답이 왜 그래? 갈 거야?"

"생각해 보지 않았어. 왜 그래?"

"배신하지 말라고."

희지가 말한 배신이란 말이 가슴에 콕 걸렸다. 강희는 희지를 똑바로 바라보았다.

"넌 왜 그렇게 감탄사를 싫어하니?"

"그걸 꼭 말로 해야 아니? 당연한 걸 왜 물어? 네가 감탄사를 싫어하는 이유랑 똑같아."

희지가 냉랭한 목소리로 덧붙였다.

"날마다 행복해 죽겠다는 얼굴로 방글방글 웃는 것도 보기 싫고, 좋은 말만 하고 천사처럼 구는 것도 밥맛이야. 그런 애, 질색이야. 겉 다르고 속 다른 애."

"으…… 응."

강희는 고개를 끄덕였다. 며칠 전만 해도 강희도 희지와 비슷한 생각이었다. 그런데 이제는? 글쎄, 아직 잘 모르겠다. 예슬이라는 아이를 더 알 필요가 있었다. 더 많이, 모든 것을, 다 알고 싶었다.

강희는 종일 예슬이가 말한 '자기 자신부터 칭찬하기'를 생각했다.

'뭘 칭찬하지? 뭘 잘하지?'

아무리 생각해도 칭찬거리가 별로 없었다.

'좋아. 그럼 칭찬할 거리를 만들면 되지 뭐.'

강희는 생각을 바꾸기로 했다. 칭찬할 게 없으면 칭찬할 일을 만드는 거다!

강희는 환경미화 게시판에 붙은 종이가 삐뚤어진 것을 보았다. 아무도 모르게 슬며시 다가가 똑바로 맞추었다. 창가의 화분이 바짝 말라 잎이 시들어 가는 것을 보았다. 주전자 가득 물을 떠 와 화분에 부어 주었다. 강희의 메마른 마음에 물이 스며드는 것처럼 기분이 좋아졌다.

"최강희, 뭐하는 거야?"

반장이 지나가다 물었다.

"아무것도 아냐. 심심해서."

강희는 이렇게 대답했다. 수업을 마치고 운동장을 지나갈 때 깨진 유리 조각을 보았다. 강희는 얼른 유리 조각을 주웠다. 운동장을 맨발로 뛰어다니는 애들도 있는데 유리 조각이 있으면 다칠지도 모른다.

집으로 가는 길에 교통 도우미 아주머니께 "고맙습니다!" 하고 큰 소리로 인사했다. 잘 모르는 아주머니였지만 틀림없이 학교 친구의 엄마일 것이다.

아주머니가 "응, 그래. 인사성이 참 밝구나. 조심해서 잘 가!" 하고 활짝 웃어 주었다. 강희는 기분이 좋아졌다. 고맙다고 한마디 했을 뿐인데 더 많은 답례를 받았다.

강희는 쏜살같이 집으로 달려와 거울 앞에 섰다. 그리고 오늘 자신이 한 일을 칭찬했다. 처음에는 자랑하는 것 같아 어색했다. 칭찬하려고 일부러 칭찬받을 만한 일을 한 것이니까. 언젠가 예슬이 행동을 칭찬받으려고 칭찬하는 거라고 생각했던 것과 똑같았다.

'아무려면 어때? 어쨌든 좋은 일이잖아?'

강희는 편하게 생각하기로 했다. 없는 일을 지어낸 것도 아니고, 그냥 자신이 한 일을 그대로 자신에게 들려주는 거다. 한 번 해 보니 할 만했다.

칭찬을 다하고 컴퓨터를 켰다. 얼른 이메일을 확인했다. 예슬이는 아직 강희의 메일을 확인하지 않았다. 편지 온 것도 없었다. 강희는 조금 서운한 마음이 들었다.

'컴퓨터 앞에서 차례를 기다리고 있는지도 몰라. 어쩌면 컴퓨터가 고장 났을지도 모르고. 혹시 더 아파진 건 아닐까?'

슬그머니 걱정되었다.

강희는 얼른 '편지 쓰기'를 클릭했다.

> 감탄사, 아직 편지 안 읽었네.
> 무슨 일 있는 거야?
> 방금 거울을 보며 나를 칭찬해 보았어.
> 처음엔 아주 쑥스러웠는데 한번 해 보니 해 볼 만한걸(크크).
> 감탄사, 너의 두 번째 비법은 뭐니?
> 빨리 알려 줘.

강희는 편지를 보내 놓고 숙제할 것을 꺼냈다. 얼른 숙제를 하고 다시 컴퓨터를 켰다.

그새 예슬이가 다녀간 모양이었다. 편지가 와 있었다.

어맛! 강희야, 반갑다. 대단해! 멋져! 와위 정말 기뻐!
내가 말한 무지개 비법을 실천해 보았다니, 가슴이 터질 것만 같아. 사실 이것 아무한테도 얘기한 적 없거든. 그냥 내가 만들어서 나만 생각하고 있는 거거든.
너에게 처음으로 말한 건데, 그걸 네가 실천했다니 정말 기분 좋아.

나의 무지개 비법 두 번째는 '먼저 관심 보이기'야.
관심이 있어야 칭찬이든 욕이든 하잖아. 칭찬의 반대말은 꾸중인데, 나는 칭찬의 반대말이 무관심인 거 같아. 관심이 없으면 욕도 안 하게 돼. 욕을 한다는 것은 관심이 있다는 증거야. 내 말 이해되지?
그래서 먼저 관심을 보이면 칭찬은 자연스럽게 따라오게 된다는 말씀! 물론 욕을 할 수도 있지만(ㅠㅠ).
이 방법도 실천해 볼 거지? 꼭 해 보길 바라. 네가 해 보면 정말 기쁘겠어. 그게 내 소원이야! (^^)

강희야, 고마워! 사랑해!

강희는 예슬이의 편지 마지막에 쓰인 '사랑해'를 보고 '흡!' 손으로 입을 막았다. '사랑해'란 말은 엄마 아빠에게도 하기 쑥스러운 말인데, 낯간지러운 말인데. 예슬이는 아무렇지도 않게 사용하고 있었다.

'정말 성격 좋다. 나도 언젠가 감탄사처럼 될까?'

강희는 고개를 저었다. 도저히 예슬이처럼 될 자신이 없었다. 또 되고 싶지도 않았다. 강희는 강희고, 예슬이는 예슬이었다. 그렇지만 조금 부럽기도 했다.

'좋아. 두 번째 무지개 비법이 관심 보이기란 말이지? 먼저 관심을 보이란 말이지?'

강희는 눈을 빛냈다.

세상을 바꾸는 칭찬 ❷

♥ 가족을 행복하게 만드는 칭찬 한마디

"엄마, 아빠 사랑해요."
"건강하게 낳아 주셔서 고맙습니다."
"함께라서 좋아요. 행복해요."
"엄마가 만들어 주는 반찬이 가장 맛있어요."

"아빠가 자랑스러워요. 존경합니다."
"엄마라고 부르면 기분이 좋아져요."
"제 이야기를 잘 들어 주셔서 감사해요."
"동생아, 태어나 줘서 고마워."

"누나가 있어 참 다행이야."
"엄마 아빠가 내 이름을 부를 때마다 기분이 좋아요."
"엄마 아빠를 믿어요."
"저를 이 세상에 초대해 주셔서 감사해요."

■ **R a i n b o w ③**

감사의 마음을 키우는 칭찬

감사할수록 감사할 일이 많아지고,
칭찬할수록 칭찬할 일이 많아져요.
"미안해."
"고마워."
"사랑해."
이 세 마디에는 우주의 큰 기운이 들어 있답니다.

긍정 에너지를 키우는 힘_칭찬

칭찬을 부르는 관심

엄마가 내 변화를 다 알고 있는 것.
사소한 관심이 아침을 기쁘고 행복하게 만들었다.

　매일 아침, 강희는 거울을 보며 자신을 칭찬하는 것이 일과가 되었다.

　"최강희, 잘하고 있어. 훌륭해. 이대로 쭉 해 보는 거야. 넌 좋은 친구야. 걱정하지 마. 응원할게. 강희야, 웃어 봐. 그래, 웃으니까 훨씬 귀엽잖아. 보조개도 쏙 들어가고. 최강희, 항상 웃자. 웃자, 웃자! 아자 아자!"

　좋은 생각을 하고 좋은 말만 하다 보니, 강희는 점점 얼굴이 밝아졌다. 강희는 잘 눈치채지 못했지만.

　자신을 칭찬하고 거실로 나가니 식탁에 케이크가 놓여 있었다.

"어? 오늘 누구 생일이에요? 엄마? 아빠? 아닌데."

강희는 머리를 긁적였다. 엄마 생일은 8월이고, 아빠 생일은 12월이었다. 그리고 강희 생일은 벌써 지나갔다.

"오늘 엄마 아빠 결혼기념일이야. 올해가 벌써 14주년이구나. 그동안 바쁘다는 핑계로 제대로 챙기질 못했어. 아빠가 저녁에 늦게 들어올 것 같아 미리 준비했다."

그러면서 아빠가 슬그머니 선물 꾸러미를 내밀었다.

"여보, 별것 아니지만 받아 줘. 나랑 결혼해 줘서 고맙소. 요즘 가게 때문에 고생이 많지?"

"어머나, 세상에!"

엄마가 깜짝 놀라며 선물을 받았다.

"당신에게 이런 것도 다 받아 보고 오래 살아야겠네요. 고마워요."

엄마가 활짝 웃으며 아빠와 강희를 와락 껴안았다.

"사랑해요!"

"어, 엄마. 왜 이래요. 숨 막혀."

강희는 투정을 부렸지만, 속으로는 기분이 좋았다.

"우리 강희, 요즘 가게 때문에 신경을 못 써서 미안하다. 마음

은 더 잘해 주어야지 하는데, 피곤하다 보니 잔소리만 느 것 같아. 미안해."

엄마가 강희 등을 토닥였다.

"내가 가게를 시작한 뒤부터 통 웃지도 않고 툴툴거리기만 해서 걱정했는데 요즘 아주 좋아졌어. 일찍 일어나고, 예전처럼 방긋방긋 잘 웃고. 봐라, 얼마나 예쁘니? 그렇게 웃으니까."

"만날 방긋방긋 웃으면 바보라고 오해한단 말이에요."

강희가 툴툴거렸다.

"웃는 게 바보면 우는 건 천재게? 걱정하지 말고 웃어라. 그런 바보라면 나도 되련다. 호호호!"

엄마가 환하게 웃었다.

"나도. 나도 바보할 거야. 하하하!"

아빠도 크게 웃었다. 강희도 따라 웃었다. 생각해 보니 아침에 이렇게 식구들이 큰 소리로 웃은 건 아주 오랜만의 일이었다.

강희는 거울을 보고 양치하면서도 계속 웃었다. 그리고 퍼뜩 깨달았다.

'관심이 바로 이런 것일까? 아빠가 결혼기념일을 잊지 않고 챙기는 것. 엄마가 내 변화를 다 알고 있는 것. 내가 언제부터 툴툴

거리고 언제부터 일찍 일어나게 됐는지 아는 것. 관심.'

작고 사소한 관심과 사랑이 오늘 아침을 기쁘고 행복하게 만들었다.

'예슬이가 슬비 필통이 바뀐 것을 알아챈 것. 찬우 외할머니가 오신 것을 아는 것. 그것도 관심이구나. 친구에 대한 관심. 우정.'

관심이 없으면 슬비 필통이 바뀌었는지 어쨌는지, 찬우 외할머니가 오셨는지 말았는지 알 필요도 없고 말할 필요도 없었을 것이다.

"그럼 내 민들레꽃도?"

강희는 얼마 전부터 지켜보기 시작한 민들레 한 송이를 떠올렸다. 그 민들레는 강희의 방 창문 너머 이웃집 담벼락에 피어 있었다. 처음에 강희는 그곳에 민들레가 있는지도 몰랐다. 어느 날 아침에 보니 민들레 한 송이가 피어 있었다. 그런데 학교에 갔다 오니 민들레꽃은 오므라들었다.

'에이, 벌써 졌네. 이럴 줄 알았으면 아침에 많이 쳐다볼 걸.'

강희는 민들레가 그렇게 빨리 질 줄 몰라서 아쉬운 마음이 들었다. 그런데 다음 날 아침, 그 민들레는 다시 피어났다. 강희는

기뻐서 방방 뛰었다.

'이젠 더 많이 더 오래 쳐다봐야지. 지기 전에.'

일요일엔 계속 그 민들레만 쳐다봤다. 그러니까 나비가 날아왔다 날아가는 것도 보고, 벌 한 마리가 꽃 속에 앉았다가 가는 것도 보게 되었다. 낮에 햇볕이 뜨거울 땐 꽃잎을 닫고 축 늘어져 있더니, 저녁엔 다시 꽃대를 빳빳하게 세웠다. 비가 올 땐 빗방울이 칼날처럼 삐죽삐죽한 잎사귀를 건드리는 것도 보고, 담벼락을 타고 오가는 고양이 한 마리도 알게 되었다.

민들레를 생각하니 '어린 왕자'에 나오는 장미꽃이 떠올랐다. 어린 왕자가 자기 별에 두고 온 한 송이 장미꽃과 지구에서 본 수천수만 송이의 장미를 구별해 내는 것. 길들인다는 것의 의미. 그게 바로 관심이고, 사랑이었다.

'예슬이가 길가의 민들레를 그렇게 오래 바라본 것. 제비꽃 하나에 그렇게 감탄한 것. 그게 모두 관심이었구나. 사랑이었구나.'

강희는 비로소 예슬이의 마음을 어렴풋이 이해하게 되었다. 그동안 예슬이를 참 많이 오해했다는 것도 알게 되었다. 예슬이는 진심으로 애정과 관심이 있어서 제비꽃 하나를 그렇게 예뻐했던 건데, 가식덩어리라고 오해했다.

'미안해, 감탄사.'

강희는 자연스레 자신의 모습을 뒤돌아보았다. 5학년이 된 지 두 달이 넘었지만, 아직 반 아이들 이름도 다 못 외웠다. 외우기는커녕 이름도 한번 불러 보지 않은 아이들이 수두룩했다.

'내가 너무했어. 무관심했어. 그러니까 아이들도 나한테 무관심한 게 당연해.'

그동안 예슬이를 오해하고 미워한 것은 차라리 무관심한 것보다 나을 수도 있었다. 적어도 예슬이에겐 조금이라도 관심이 있었다는 증거니까.

그렇다면 희지도 예슬이에게 관심이 없는 게 아니었다. 예슬이를 싫어하는 것이 무관심한 것보다 나을 수도 있다.

강희는 희지가 예슬이를 칭찬하는 모습을 상상해 보았다. 고개가 절로 흔들어졌다. 상상이 되지 않았다.

'그래도 괜찮아. 나도 바뀌었으니까.'

강희는 굳은 결심을 하고 학교로 갔다. 교실에서 가장 먼저 본 아이의 이름을 큰 소리로 불렀다.

"오준수!"

준수가 깜짝 놀라 홱 돌아보았다.

"왜 그래? 무슨 일이야?"

"별일 없어. 그냥 한번 불러봤어."

강희가 씩 웃자, 준수가 가까이 다가왔다.

"최강희. 뭐 잘못 먹었냐?"

"아니. 잘 먹었는데."

강희는 샐샐 웃었다. 그러자 준수가 어이없다는 얼굴로 고개를 흔들었다. 강희는 조금 기분이 상했지만, 또 다른 아이의 이름을 불렀다.

"한지혜!"

지혜도 역시 놀란 얼굴로 돌아보았다.

"어머, 최강희. 너, 내 이름 알고 있었니?"

"그럼, 당연하지. 너도 내 이름 알고 있잖아."

"난 네가 우리에게 관심이 없는 줄 알았는데."

지혜가 뚱한 얼굴을 했다. 강희는 관심 많다고 말하고 싶었지만, 얼른 입 밖으로 나오지 않았다. 그때 새침데기 영경이가 다가오는 모습이 보였다.

"영경아."

강희는 조그맣게 불렀다. 절로 목소리가 기어들어 갔다. 영경이는 눈을 내리깔고 아무 말도 없이 지나가 버렸다. 강희는 얼굴이 후끈 달아올랐다. 무시당했다는 생각에 머리가 멍해졌다.

강희가 멍청히 서 있자, 희지가 팔을 툭 쳤다.

"야, 너 왜 그래? 무슨 일 있어?"

"아, 아니. 왜?"

강희는 얼른 얼굴빛을 바꾸었다.

"아까는 바보처럼 실실 웃기만 하더니, 지금은 완전히 똥 밟은 얼굴이잖아."

"아, 아무것도 아냐."

강희는 희지가 자신을 계속 쳐다보고 있었다고 생각하자 얼굴이 더 굳어졌다.

"너, 우리 학교 홈페이지에 올라온 네 칭찬 글 보고 웃은 거지. 그렇지?"

"내 칭찬 글? 누가 날 칭찬했는데?"

강희가 깜짝 놀라 되물었다.

"너, 며칠 전에 화분에 물 줬다고 반장이 칭찬해 놓았던데?"

"뭐? 그건 그냥 심심해서 준 것뿐인데. 그런 것도 칭찬거리가 되니?"

"몰라. 그딴 거, 관심도 없어."

희지가 팽 콧방귀를 뀌었다. 강희는 희지의 반응에 조금 섭섭했지만, 얼른 마음을 바꿔 먹었다.

"에이, 거짓말이지? 희지 너, 관심 있으니까 봤잖아. 그치?"

"난 네 이름이 올라와 있어서 본 것뿐이야."

"그러니까 내 이름을 관심 있게 보았다는 거잖아."

"얘가 왜 이래? 관심 없다는데도."

희지가 차갑게 말하곤 휙 돌아섰다. 강희는 어리둥절한 얼굴로 희지 뒷모습을 바라보았다.

긍정 에너지를 키우는 힘_칭찬

칭찬할수록 칭찬할 일이 많아진다

강희는 누군가를 칭찬할 만한 일이 없는지 눈을 빛냈다.
빨리 실천해서 예슬이에게 칭찬받고 싶었다.

강희는 가슴이 답답했다. 칭찬과 관심이 생각처럼 쉬운 일이 아니란 걸 느꼈기 때문이다. 관심은 억지로 누가 시킨다고 해서, 하루아침에 생기는 게 아니었다. 일부러 관심을 두고 칭찬을 하면 역효과가 날 수도 있었다.

강희는 이 문제를 예슬이에게 의논했다. 강희는 반 아이들 이름을 한 번씩 다 불러 주기로 계획했다가 중도에 포기한 것, 영경이와 희지에게 무안을 당했던 일을 편지에 썼다.

몇 시간 후, 예슬이의 답장이 왔다.

내 친구 강희에게.

강희야, 네가 우리 반 친구들 이름을 모두 불러 보기로 마음먹은 건 참 잘한 일 같아. 방법이 조금 급하고 서툴렀을 수는 있지만 좋은 생각인 건 분명해.

영경이와 희지 문제는 시간을 두고 생각해 보는 게 좋을 것 같아. 쉽게 마음을 열지 않는 친구에게 급하게 다가간 것일 수도 있으니까.

갑자기 네가 관심을 보이니까 친구들이 당황했을 거야. 아이들 눈이 동그래진 모습이 보인다. (^^)

점점 나아질 거라고 믿어. 친구가 되고자 하는 네 마음이 진짜라면, 진실하다면.

음. 네 편지 읽고, 나도 소원이 하나 생겼어.

있잖아, 퇴원하면 내 이름도 불러 줄래? 너, 이제까지 내 이름 불러 준 적 별로 없잖아. 아니, 한 번도 없는 것 같아. 언제나 별명으로만 불렀지. 내 소원 들어줄 거지?

이제 무지개 비법 3단계를 알려 줄 차례인데, 알려 줄까? 말까?(^^)

3단계는 작은 일부터 칭찬하기야. 1단계에서 나 자신을 칭찬했을 때처럼 작은 일부터 칭찬해 보는 거야. 칭찬도 습관이거든. 칭찬할수록 칭찬할 일이 많아져. 내가 해 보니까 그랬어.

난 처음에 나와 놀아 주는 아이들이 정말 고마워서 나도 모르게 칭찬하게 됐어. 친구가 생기니까 세상이 온통 좋아 보이더라고. 그러니 어떻게 칭찬을 안 하고 배기겠니? 보이는 것마다 다 좋고 예쁜데.

너도 곧 알게 될 거야. 칭찬이 칭찬을 부른다는 사실을!

강희야, 네가 무지개 비법을 실천하고 편지로 알려 주니까 나도 같이 학교에 다니는 기분이야. 고마워. 너 때문에 심심하지도 않고, 학교에서 무슨 일이 일어나는지 바로 알 수 있어.

요즘 반 아이들은 병원에 잘 오지 않아. 이해해. 다들 학원이랑 숙제 때문에 얼마나 바쁘니? 그동안 병문안 와 준 것만으로도 얼마나 고마운지 몰라.

그럼 3단계 실천한 것도 꼭 알려 줘. 기다리고 있을게.

강희는 예슬이 편지를 보고 마음이 좀 무거워졌다. 생각 같아서는 당장 예슬이 병문안을 가 보고 싶은데, 몸이 움직여지지 않았다. 어느 병원, 어느 병실이라는 것까지 다 아는데, 마음만 먹으면 금방 갈 수 있는 곳인데, 왜 행동이 안 되는 걸까?

아직 예슬이와 강희 사이엔 뭔가가 가로막혀 있는 듯했다.

'좋아. 병문안은 좀 미뤄 두고.'

강희는 예슬이가 말한 3단계를 잘 실천해 보리라 마음먹었다. 어쩌면 예슬이에겐 병문안을 가는 것보다 이게 더 기쁜 일일지도 모른다.

"작은 일부터 칭찬하라고?"

이건 쉬워 보였다. 이미 강희 자신도 칭찬했는데 다른 사람을 칭찬하는 것은 더 쉬울 것이다.

강희는 학교에서 누군가를 칭찬할 만한 일이 없는지 눈을 빛냈다. 빨리 3단계를 실천해서 예슬이에게 칭찬받고 싶었다. 그래서인지 마음이 더 긴장되고 조급해졌다. 칭찬을 해 주고 싶은 일 앞에서도 말이 나오지 않았다.

점심시간에 강희는 이런저런 생각을 하다가 밥을 늦게 먹었다. 밥맛이 없어 밥과 반찬을 많이 남기게 되었다.

"그 밥, 남기는 거니?"

새로 바뀐 짝꿍 주민이가 물었다. 강희네 반은 한 달마다 짝꿍이 바뀐다.

"응."

그러자 주민이가 덥석 밥과 반찬을 가져갔다. 강희는 속으로 '어, 그거 먹던 건데.'라고 생각했지만, 주민이는 아무렇지도 않은 듯 강희가 남긴 밥과 반찬을 깨끗하게 먹어 치웠다.

"우리 할머니가 시골에서 농사지으시는데 말이야, 밥 남기면 혼나."

주민이가 묻지도 않은 말을 하며 음식을 꼭꼭 씹었다. 주민이 식판을 보니 밥알이 한 톨도 남아 있지 않았다.

"우아, 진짜 깨끗하게 먹었네!"

강희 입에서 절로 감탄이 흘러나왔다. 선생님께서 점심때마다 밥과 반찬 남기면 안 된다고 설교를 하지만 아이들은 늘 뭔가를 남겼다.

"당연한 거 아니니? 우리 할머니가 그러시는데 쌀 한 톨에 농부의 손길이 여든여덟 번이나 간대. 엄청나지?"

"여든여덟 번? 대단하다."

강희는 그러면서 슬그머니 자기 식판에 붙은 밥알을 떼어 먹었다. 주민이가 보고 씩 웃었다. 강희도 씩 웃었다. 그런데 주민이 이에 고춧가루가 끼어 있었다.

'말해 줄까? 말까?'

강희는 잠시 망설였다. 아직 친해지지도 않았는데 덥석 말했다가 주민이가 무안해할까 봐 걱정됐다. 다음 순간, 강희는 용기를 내어 말했다.

"주민아, 네 이에 고춧가루 꼈다."

"그래? 양치하면 되지 뭐."

주민이가 아무렇지도 않게 받으며 가방에서 휴대용 칫솔을 꺼냈다.

"너, 점심 먹고 양치도 하니? 칫솔도 가지고 다녀?"

"그럼, 당연하지. 밥 먹고 나면 꼭 양치해야지. 그래야 충치가 생기지 않잖아."

"와, 대단해. 이제 봤더니 정말 모범생이잖아. 몰라봤어."

"모범생은 뭘. 치과 의사 선생님이랑 약속했어. 치과 안 오려면 하루 세 번 꼭 양치하기로. 약속은 지키라고 있는 거잖아. 그래서 지키는 것뿐이야."

"그래도 약속 지키기가 얼마나 어려운 건데."

"강희 너도 내일부터 칫솔 가져와. 같이 하자."

"그럴까?"

"그래. 근데 너한테 칭찬 들으니까 기분 되게 좋은데? 고마워!"

"뭐가?"

"칭찬해 줘서."

"정말?"

"응!"

강희와 주민이는 마주 보고 씩 웃었다. 강희는 좋은 짝을 만난 것 같아 기분이 좋았다. 식판을 깨끗하게 비운 것만으로도 마음이 가벼운데 양치까지 하면 더 상쾌할 것 같았다.

'예슬아, 네가 말한 대로 작은 일이라도 칭찬하니 좋은 친구를 알게 되었어. 안 그러면 그냥 지나칠 뻔했는데.'

 강희는 마음속으로 말했다.

긍정 에너지를 키우는 힘_칭찬

너의 태양을 보여 줄래?

우리는 본래 밝고 환한 빛이래. 태양이래.
너도 나 못지않게 밝고 환한 태양이란 걸 알아.

강희는 매일 아침 일어나 거울을 보고 3분 동안 자신을 칭찬하고, 주변에서 일어나는 일을 허투루 보지 않고 관심을 두게 되었다. 그러다 보니 반 친구들과 농담도 주고받고 장난도 치는 사이가 되었다. 일부러 노력하지 않아도 자연스레 친구가 된 것이다.

하지만 영경이, 희지와는 아직 사이가 좋아지지 않았다. 영경이는 말이 없고 생각이 많은 아이였다. 반 아이들과 잘 어울리지도 않았다. 그래서 더 다가가기가 어려웠다.

희지에게서는 찬바람이 쌩쌩 돌았다. 봐도 못 본 척했다.

'그래도 언젠가는…….'

강희는 마음이 괴로웠지만 계속 관심을 기울이기로 했다.

예슬이가 알려준 무지개 비법 4단계는 '잘한 일에 초점 맞추기'였다.

강희야.

'잘한 일에 초점 맞추기'는 생각보다 어려워. 왜냐하면 사람들은 좋은 일보다 나쁜 일에 더 솔깃하고 끌려가기 때문이야.
여기 지우개가 반 토막 있다 쳐. 그럼 넌 어떤 식으로 말할 거니?
'지우개가 반이나 남았네.'라고 할 거니? '지우개가 반밖에 안 남았네.'라고 할 거니?
비슷한 말 같지만 두 말 사이에는 큰 차이가 있어. 하나는 긍정적인 눈으로 보고, 하나는 부정적인 눈으로 보기 때문이야.
'잘한 일에 초점 맞추기'는 모든 것을 긍정적으로 생각한다는 거야. 긍정하고 긍정하고 또 긍정하면 어떻게 될 것 같니? 선생님께서 늘 말씀하시는 긍정적인 사람이 되는 거야(참 쉽지?^^). 칭찬하면 할수록 칭찬할 일이 많아지는 것처럼, 긍정하면 할수록 좋은 일이 더 많이 생기게 돼. 그게 에너지 법칙이래.

강희야, 우리 아빠가 그러는데 우리는 본래 밝고 환한 빛이래. 태양이래. 태양은 늘 빛나잖아. 구름에 가려 있을 때에도, 비가 올 때에도 태양은 더 높은 곳에서 환하게 빛나고 있잖아.

너도 나 못지않게 밝고 환한 태양이란 걸 알아. 나쁜 생각이 떠오르면 구름이라고 생각하고 걷어 내. 그럼 네 안의 태양이 더 밝고 환하게 빛날 거야. 언제까지나.

너의 태양을 나에게 보여 줄래?

강희는 예슬이 편지를 두 번 세 번 읽었다.

'너의 태양을 나에게 보여 줄래?'

마지막 말이 강희 가슴을 울렸다. 가슴이 뭉클하면서 전기가 통하는 기분이었다.

'나도 보여 주고 싶어. 너에게.'

강희는 입술을 꼭 깨물었다.

'밝고 환하게 빛나는 나만의 태양을 보여 줄게.'

강희는 예슬이와 편지를 주고받을수록 점점 예슬이의 본모습을 많이 알게 되었다. 어떨 때는 예슬이가 언니 같고, 선생님 같았다.

'그동안 내가 예슬이를 미워하고 못마땅해한 건 질투 때문이었어. 나보다 잘나고, 어른스럽고, 아는 것도 많고, 인기도 많은 예슬이가 싫었던 거야. 이제 알겠어.'

강희는 예슬이의 칭찬 비법을 '무조건 긍정하기'로 살짝 바꾸었다. 지금부터 강희에게 일어나는 모든 일에 대해서 긍정해 보는 거다. 그러면 자연스럽게 잘한 일에 초점이 맞춰질 것이다.

아침에 엄마는 출근하는 아빠와 학교 가는 강희에게 우산을 하나씩 들려 주었다.

"오늘 일기예보에 비 온다고 했어요. 우산 가져가요."

"비는 무슨 비? 날이 이렇게 맑은데."

아빠는 끝까지 우산을 가져가지 않았다. 강희도 밖을 보니 비가 올 것 같지 않아 우산을 가져가기 싫었다. 해가 쨍쨍한데 우산을 들고 가면 아이들이 놀릴 것이다. 그렇지만 강희는 어제 마음 먹은 '무조건 긍정하기'를 떠올리고 엄마에게서 우산을 받아들었다. 엄마가 이렇게 우산을 가져가라고 하는 건 다 이유가 있을 거라고 생각하면서.

"야, 그것 우산이냐? 양산이냐?"

역시 학교 가는 길에 아이들이 놀렸다.

"우산도 되고 양산도 돼. 내 마음이야."

강희는 이렇게 대꾸해 주었다.

체육 시간에 뜀틀 높이뛰기를 했다. 다른 아이들은 척척 잘도 넘는데 강희는 꼭 중간에 걸렸다. 아이들이 뜀틀 중간에 어정쩡하게 걸린 강희를 보고 배꼽을 잡고 웃었다.

'괜찮아. 뜀틀 높이뛰기는 잘 못하지만 달리기는 잘하잖아. 나보다 잘 달리는 애 있으면 나와 보라고 해.'

강희는 이렇게 자신을 위로했다.

철봉 매달리기는 9초를 버텼다.

'잘했어, 최강희. 지난번에는 6초밖에 못 버텼잖아. 3초나 더 오래 매달린 거라고.'

그렇게 생각하자 마음이 한결 가벼워졌다.

아이들이 덥다고 하자, 동주가 뛰어가 주전자 가득 물을 떠 왔다. 그런데 동주는 빨리 오려다가 그만 운동장 한가운데 퍽 꼬꾸라졌다. 주전자 물이 쏟아지고 동주는 흙투성이가 되었다.

"으하하! 오동주, 정말 코미디다!"

아이들이 재빨리 동주를 둘러쌌다.

"넌 왜 그렇게 촐랑대니? 오동주답다! 진짜 웃겨!"

"누가 밀었냐? 운동장이 잡아당겼냐? 왜 혼자 물 쇼를 하고 그래?"

아이들이 한꺼번에 놀리자, 장난꾸러기 동주도 얼굴이 시뻘게졌다.

"너희들, 왜 그러니? 동주는 우리를 위해 물을 떠 온 거잖아. 동주야, 어서 일어나."

강희는 동주에게 손을 내밀었다. 동주가 멋쩍은 듯 벌떡 일어나 옷에 묻은 흙을 털었다. 강희도 같이 털어 주었다.

"최강희, 왜 안 하던 짓을 하고 그러냐? 혹시 너, 동주 좋아하냐?"

강희는 멈칫했지만 아무렇지도 않게 대꾸해 주었다.

"좋아하지. 그러는 너희는 동주 싫어하니?"

"우아! 최강희가 오동주 좋아한단다! 강희가 고백했어. 강희는 동주를 좋아한대요, 좋아한대요!"

아이들이 손가락질하며 한목소리로 놀렸다. 강희는 당황했다.

'이게 아닌데. 잘한 일에 초점을 맞춘 건데······.'

강희가 쩔쩔매고 있는데 곁에 있던 주민이가 나섰다.

"강희만 동주 좋아하는 것 아냐. 나도 동주 좋아해."

주민이가 담담하게 말하자, 아이들의 눈이 동그래졌다.

"나도, 나도. 나도 동주 좋아한다, 뭐."

성화까지 나섰다. 강희는 깜짝 놀랐다. 지난번에 성화와 한 판 붙을 뻔한 뒤로 한 번도 말해 보지 않았는데 이 순간에 나서 준 것이다.

"에잇, 뭐야. 재미없게."

아이들이 슬그머니 흩어졌다. 강희와 성화, 주민이는 서로의 얼굴을 보고 킥킥 웃었다. 동주만 갑자기 생긴 일에 어리둥절한 모습이었다.

6교시를 마치고 집에 갈 때가 되자, 갑자기 천둥과 번개가 치면서 소나기가 쏟아졌다. 운동장으로 달려 나가던 아이들이 다시 뛰어들어 왔다.

"에이, 갑자기 왜 비가 오고 난리야?"

"엄마가 우산 가져가라고 할 때 말 들을걸."

아이들이 후회하며 발을 동동 굴렀다.

강희는 손에 든 우산을 만지작거렸다. 혼자만 우산을 쓰고 가려니 미안했다.

"우아, 좋겠다!"

아이들이 강희 우산을 부러운 눈으로 쳐다봤다.

강희가 누구와 우산을 쓰고 가면 좋을지 둘러보는데 뚝 떨어져 있는 영경이가 보였다. 순간, 강희는 망설였다. 영경이에게 말을 붙여 볼까, 말까? 영경이도 강희 집 쪽이던데. 우산을 같이 쓰고 가자고 말할까, 말까?

강희가 결정을 못 하고 고민하는데 영경이가 빗속으로 휙 걸어 나갔다. 아마 비를 맞고 갈 모양이었다.

"영경아."

강희는 저도 모르게 영경이 쪽으로 달려갔다. 영경이는 들었는지 못 들었는지 발걸음을 빨리했다.

"영경아!"

강희는 큰 소리로 부르며 영경이 쪽으로 우산을 씌워 주었다.

"왜 그래? 무슨 일이야?"

영경이가 멈춰 섰다.

"으응. 우산 같이 쓰고 가자고. 너, 우리 집이랑 같은 방향이잖아."

"그걸 어떻게 알았어?"

"그냥. 그냥 알아. 넌 우리 반이니까."

영경이는 무슨 생각을 하는지 입을 꾹 다물었다.

"빨리 가자. 비 다 맞겠다."

강희는 영경이 팔을 잡아끌었다. 영경이가 마지못한 듯 따라왔다. 우산이 작아 강희와 영경이 어깨가 조금씩 젖어들었다. 강희는 영경이 쪽으로 우산을 기울였다.

"그러지 마."

영경이가 강희 쪽으로 우산을 기울였다.

"이럴 게 아니라, 우리 팔짱을 끼자."

강희가 영경이 팔을 꽉 잡았다. 어색한지 영경이 팔이 뻣뻣해졌다.

영경이 집에 다다를 즈음, 강희는 영경이에게 지난번에 불렀을 때 왜 대답을 안 했는지 물어보았다.

"뭐라고? 네가 언제 나를 불렀다고 그래?"

영경이가 토끼 눈을 했다.

"저번에. 저번에 말이야."

"몰라. 난 모르는 일인데."

영경이가 말끝을 흐렸다.

"그래? 그럼 못 들었을 수도 있겠다. 그때 내 목소리가 너무 작아서……."

강희는 마음속이 환해졌다. 그때 너무 작은 소리로 불러 영경이가 못 들었을 수도 있는데, 영경이가 무시하고 대꾸를 안 했다고 착각한 것이다.

"영경아, 잘 가! 내일 보자."

"그래. 고마워."

강희와 영경이는 서로 손을 흔들었다.

'야호! 영경이가 나를 싫어한 게 아니었어!'

강희는 빗물이 옷에 튀는지도 모르고 폴짝폴짝 뛰었다.

긍정 에너지를 키우는 힘_칭찬

감사와 감탄!

어느새 강희는 예슬이를 닮아가고 있었다.
조금씩 닮아가고 있었다. 강희도 모르는 새.

강희는 점점 칭찬과 긍정의 법칙에 빠져들었다. 칭찬이 칭찬을 부르고, 긍정이 긍정을 부르는 법칙! 알게 모르게 강희 주변에 좋은 일들이 자꾸 일어났다.

예슬이의 무지개 비법 5단계는 '감사와 감탄' 이었다.

강희야.
'감사와 감탄' 은 우리 이모를 보면서 생각해 낸 거야.
우리 이모야말로 진정한 '감탄사' 거든. 이모와 있으면 지루할 틈이 없어. 이모와 있으면 모든 게 새롭게 느껴져. 이모는 아침에 아무 탈 없이 눈 뜨는 것에도 감사하고, 햇살이 빛나는 것에도 감사하고, 숨 쉬는 것에도 감사하고, 하늘을 바라보는 것도 감사해. 처음엔 이모가 좀 별나다고 생각했는데 옆에서 지켜보니까 이모 말이 맞더라고. 그래서 나도 모르게 이모를 따라 하게 됐어.

전에는 '왜 나에겐 친구가 없을까?'라며 괴로워했어. 친구 없는 것에 집중하니까 계속 친구가 없었어. 근데 '같이 놀 친구가 없으니 공부할 시간도 많고 책 읽을 시간도 많아.'라고 마음을 고쳐먹으니까 공부도 잘되고 진짜 친구도 생기게 되더라. 참 놀라웠어. 그게 바로 지난번에 말한 긍정의 법칙이었던 거야.

감사와 감탄은 긍정과 칭찬으로 가는 문을 열어 주는 지름길이야.

강희야, 지금 내가 무슨 생각을 했는지 아니? 만약 네 별명이 감탄사가 된다면 어떨까 생각했어. 감탄사, 최강희! 어쩌면 나보다 더 잘 어울릴 것 같은데?

넌 어떻게 생각하니? 후후.

"뭐, 감탄사 최강희라고?"

강희는 편지를 읽자마자 웃음을 터뜨렸다.

"말도 안 돼."

강희는 고개를 저었다. 절대 그럴 일은 없다고 생각했다. 다른 건 어떻게 잘 따라 했지만 이번만큼은 좀 어렵겠다는 생각도 들었다.

"감사와 감탄이 긍정과 칭찬으로 가는 지름길이라고?"

강희는 거울 앞에 서서 예슬이 흉내를 내 보았다.

"어머나! 어쩌면! 와, 정말 멋져! 최고야!"

그러다 강희는 다시 웃음을 터뜨렸다. 도저히 따라 할 자신이 없었다. 자신과는 정말 안 어울렸다. 그러다 퍼뜩 이런 생각이 들었다.

'나랑 어울린다는 건 뭐지? 나다운 건 뭘까?'

강희는 다시 예슬이 편지를 되풀이해서 읽었다.

"모든 게…… 날마다 새롭단 말이지. 처음처럼?"

강희는 예슬이 편지에서 힌트를 얻었다. 눈만 뜨면 빛나는 태양이 아니라, 올려다보면 늘 그 자리에 있는 하늘이 아니라, 하루하루가 첫날이라면? 진짜 오늘이 내 생애 첫날이라면?

그날 강희는 잠자리에 들면서 난생처음으로 감사의 기도를 올렸다.

"오늘 하루도 기쁘고 즐겁게 보낼 수 있도록 해 주셔서 감사합니다. 건강하고 밥 잘 먹게 해 주셔서 고맙습니다. 예슬이가 빨리 낫게 해 주세요."

누구에게 하는 기도가 아니라 자신에게 들려주듯이 이야기했다. 기도를 하니 마음이 편안해졌다. 강희는 미소를 지으며 깊고 달콤한 잠 속으로 빠져들었다.

다음 날 아침, 강희는 상쾌한 기분으로 일어나 거실로 나갔다.
"엄마 아빠, 안녕히 주무셨어요? 좋은 아침이에요!"
강희의 환한 인사에 엄마 아빠의 눈이 동그래졌다.
"여보, 쟤가 웬일이래요? 요즘 왜 저래요? 얼마 전만 해도 일어나기 싫어서 오만상을 다 찌푸리더니."
엄마가 걱정스러운 얼굴을 했다.
"좋은 일이지 뭐. 강희야, 좋은 꿈 꿨니? 혹시 돼지꿈이라도 꿨어?"
아빠가 기대에 찬 얼굴로 물었다. 돼지꿈을 꿨다면 당장에라도 복권을 사러 갈 태세다.
"헤헤. 아침에 일어나서 엄마 아빠 얼굴 보니까 기분이 좋아서요. 엄마 아빠가 만날 이렇게 제 곁에 계셨으면 좋겠어요."

"어머머! 얘가 진짜 철들려나 보네."

엄마가 강희 어깨를 다독였다.

"만날 심통만 부릴 때는 언제 철드나 걱정이더니 요즘은 좋으면서도 섭섭하네. 우리 딸이 다 커 버린 것 같아서."

"다 크긴요. 저 많이 먹고 쑥쑥 클 거예요. 어서 밥 주세요!"

강희는 큰 소리로 말했다.

"그래, 얼른 씻고 자리에 앉아라."

강희가 씻고 나오자 식탁에 맛있는 찌개와 반찬, 밥이 차려져 있었다.

"우아, 내가 좋아하는 찰밥이네!"

"너, 찰밥 좋아하니? 좋아한다고 말한 적 없잖아?"

엄마가 의아한 얼굴로 물었다.

"저 찰밥 엄청 좋아해요. 쫀득쫀득해서 씹을 때마다 입안에서 향기가 나는 것 같아요. 맛있겠다!"

"그래? 진작 알았으면 더 자주 해 먹었을 텐데. 난 나만 좋아하는 줄 알았는데."

"나도 찰밥 좋아해요, 여보."

아빠가 거들었다.

"아이고, 빨리도 말해 주네요. 자, 어서 식사하세요."

"잠깐만요. 엄마 아빠, 우리 밥 먹기 전에 기도하는 것 어때요? 감사의 기도."

강희가 제안했다.

"갑자기 웬 기도? 우린 종교도 없는데?"

아빠가 어리둥절한 얼굴로 물었다.

"꼭 종교가 있어야 기도하는 건 아니잖아요. 그냥 하느님께 밥 맛있게 먹겠다고 하면 돼요. 제 친구 주민이가 그러는데요, 쌀 한 톨 만드는 데 농부의 손이 팔십 몇 번이나 간대요."

"그래? 우리 강희가 그런 것도 안단 말이야? 좋다. 그동안 바쁘다는 핑계로 밥 먹고 나가기 바빴는데 이제라도 감사의 기도를 올리자. 1분이면 충분할 것 같은데?"

아빠가 찬성했다.

"좋아요. 그럼 우리 강희가 먼저 감사의 기도를 드려 볼래? 다음부터 차례대로 돌아가면서 해 보자."

엄마가 제안했다.

"좋아요. 자, 그럼 기도할게요. 하느님, 감사합니다. 오늘은 엄마가 맛있는 찰밥과 콩나물국을 끓여 주셨어요. 감사히 잘 먹겠습니다. 고맙습니다."

강희가 간단하게 기도를 올리자, 엄마 아빠가 손뼉을 쳐 주었다.

"우리 강희, 기도도 잘하네. 언제 배웠지?"

"배운 게 아니고요, 그냥 하면 되는 거예요. 헤헤, 엄마 아빠 잘 먹겠습니다!"

강희는 숟가락을 들면서 예슬이가 말한 감사와 감탄을 실천했다는 걸 알았다. 늘 당연한

줄 알았던 식사에 감사하고, 찰밥인가 보다 하고 넘어갔던 밥 앞에서 감탄했다. 문득 예슬이가 옥수수밥 나왔다고 감탄하던 모습이 떠올랐다. 어느새 강희는 예슬이를 닮아가고 있었다. 절대 예슬이처럼 될 수 없을 것 같았는데 조금씩 닮아가고 있었다. 강희도 모르는 새.

'좋아하는 사람은 서로 닮아간다는데, 진짜인가 봐.'

생각하다가 강희는 반짝 눈을 빛냈다.

'그럼 예슬이는 나를 닮아가겠네? 킥킥, 예슬이는 큰일 났다!'

세상을 바꾸는 칭찬 ❸

칭찬을 잘하는 방법

❶ 칭찬은 구체적으로 한다.
❷ 여러 사람 앞에서 칭찬한다.
❸ 간결하고 짧게 한다.
❹ 아주 작고 사소한 것도 칭찬해 준다.
❺ 다른 사람을 통해 칭찬한다.
❻ 결과보다 과정을 칭찬한다.
❼ 칭찬할 일이 생기면 바로 칭찬한다.

칭찬 습관 들이는 법

❶ 먼저 자신을 칭찬한다.
❷ 가까이 있는 식구를 칭찬한다.
❸ 친구를 칭찬한다.
❹ 늘 만나는 사람을 칭찬한다.
❺ 하루에 세 번 이상은 칭찬하도록 노력한다.

Rainbow 4

긍정의 힘으로 돌아온 칭찬

"괜찮아."
"난 할 수 있어."
끊임없는 자기 긍정은 나아갈 길을 열어 줘요.
"안 돼."
"난 할 수 없어."
부정은 출구가 꽉 막혀 있는 문과 같아요.

칭찬은 자기 긍정이고 관심이며 사랑입니다.

긍정 에너지를 키우는 힘_칭찬

병실에서의 만남

예슬이는 이 병실의 큰언니였다.
모두 언니, 언니, 하며 잘도 따랐다.

창밖의 민들레 한 송이는 어느새 씨를 맺어 훌훌 날아가 버렸다. 민들레 이파리 속에 긴 꽃대만 남은 것을 보자, 강희는 예슬이 생각이 절로 났다.

'예슬이도 저 꽃대 같겠다. 심심하겠다.'

오늘은 노는 토요일이라 아이들도 면회를 가지 않을 것이다. 집에서 식구들과 놀기 바쁠 테니까. 강희는 무지개 비법 7단계를 다 실천하고 예슬이를 만나러 가리라 다짐했던 마음을 접었다.

'지금 가 보자! 내일은 오지 않을지도 몰라.'

강희는 벌떡 일어나 옷을 챙겨 입었다. 지갑에서 그동안 모아

둔 돈을 꺼냈다.

'뭘 사 가면 좋을까? 빵? 과일? 저번에 예슬이가 꽃 키우는 것을 좋아한다고 했던 것 같은데.'

강희는 냉큼 꽃집으로 달려갔다. 향이 좋은 허브 화분을 하나 샀다. 예슬이가 입원한 병원으로 가려던 강희는 문득 걸음을 멈췄다.

"참, 그동안 예슬이는 공부를 어떻게 했을까? 진도가 한참 나갔는데……."

강희는 다시 집으로 달려가 책가방을 챙겼다. 책과 공책, 참고서도 빠짐없이 넣었다.

'이럴 줄 알았으면 수업 시간에 좀 잘 듣고 필기도 잘 할 걸.'

강희는 가방을 메고 병원으로 찾아갔다. 예슬이는 수술 후 소아 병동으로 옮겼다고 했다. 반 아이들이 귀에 딱지가 앉을 정도로 이야기해서 예슬이 병실은 진작부터 알고 있었다. 강희는 3층으로 올라갔다.

"저기, 혹시 오예슬……."

강희가 쭈뼛거리며 묻자, 누워서 텔레비전을 보던 여자애가 벌떡 일어났다.

"예슬이 언니요? 컴퓨터 사용하러 저쪽 휴게실에 갔어요. 예슬이 언니, 만날 컴퓨터 앞에서 살아요."

"응. 고마워."

강희는 얼른 병실을 나와 휴게실로 갔다. 그곳에 예슬이가, 다리에 깁스한 오예슬이, 컴퓨터 앞에 줄을 서 있었다. 강희는 환자복을 입은 예슬이 뒷모습을 보고 가슴이 뭉클해졌다.

'저렇게 날마다 컴퓨터 앞에서 차례를 기다려 나에게 편지를 보냈구나.'

강희는 조용히 예슬이 뒤로 다가갔다. 그리고 말없이 예슬이 앞으로 허브 화분을 내밀었다.

"어머!"

예슬이가 깜짝 놀라며 뒤돌아보았다.

"어머, 강희야!"

예슬이가 펄쩍 뛰려다 몸의 중심을 잃었다.

"조심해."

강희는 얼른 예슬이 팔을 붙잡았다.

"강희야, 여긴 어떻게 왔니? 어떻게 알고? 어쩌면! 반가워!"

예슬이가 강희 손을 잡고 흔들었다.

"그만 좀 해. 남들이 보면 이산가족 상봉한 줄 알겠다."

강희가 피식 웃었다.

"그러면 어때? 강희야, 너 많이 큰 것 같아."

"오예슬, 너도 많이 큰 것 같은데?"

강희와 예슬이는 서로 키를 재 보았다. 엇비슷했다.

"자, 선물."

강희는 예슬이에게 다시 화분을 내밀었다.

"로즈메리구나. 내가 좋아하는 허브야. 음, 향 좋다."

예슬이가 손으로 이리저리 잎을 건드리자 향이 더 진하게 묻어 났다.

"먹을 걸 못 사 왔어. 예슬이 넌 뭘 좋아해?"

"병실에 먹을 것 많아. 가자. 내 방 보여 줄게!"

예슬이가 강희 손을 잡아끌었다. 강희는 속으로 쿡쿡 웃었다. 병실을 자기 방이라고 하다니!

"짠짜라잔! 얘들아, 여기 좀 봐. 방금 세상에서 가장 귀엽고 멋 있는 내 친구가 찾아왔어. 기념으로 내가 한턱 쏠게!"

예슬이가 병실에 들어서며 큰소리쳤다. 강희는 멈칫했다. 세상에서 가장 귀엽고 멋진 친구라고 소개한 것도 멋쩍은데 한턱이라니? 먹을 것도 사 오지 못했는데, 병실에서 자장면 배달이라도 시키겠다는 건가?

"강희야, 냉장고에 음료수랑 과일 좀 꺼내 줄래?"

예슬이가 부탁했다.

"응."

강희는 얼른 냉장고 안의 과일을 꺼내 깎고, 음료수를 준비했다. 그러고는 꼬마 환자들과 둘러앉아 나눠 먹었다. 예슬이는 이 병실의 큰언니였다. 모두 언니, 언니, 하며 잘도 따랐다.

"예슬이 언니, 진짜 좋아요."

한 여자애가 눈을 반짝이며 말했다.

"왜 좋은데?"

강희가 물었다.

"음, 만날 우리 보고 웃어 주고요, 재미있게 해 주고요, 주사 맞으면 착하다고 칭찬해 주고요, 얼굴도 예쁘고요, 꼭 간호사 언니 같아요."

여자애가 하나하나 손가락을 꼽았다.

"알 만해."

강희는 고개를 끄덕였다. 예슬이가 특유의 밝고 명랑한 성격과 무지개 비법으로 병실을 주름잡았다는 것을 알 수 있었다.

"오예슬, 대단한데?"

"뭐가?"

"우리 반뿐만 아니라 이 병실 아이들도 모두 네 편으로 만들었잖아. 아이들 마음을 확 사로잡았잖아. 모두 너를 좋아하잖아."

"그건 너도 마찬가지인걸. 저 봐. 애들이 자꾸 너 쳐다본다. 너를 좋아하는 거야. 처음 보는데도."

"아냐. 너를 보고 있는데 뭘. 난 아직 멀었어. 참, 너 학교 공부는 어떻게 하고 있니? 내가 책이랑 공책 가져왔는데, 볼래?"

"어머나, 고마워. 안 그래도 공부가 하고 싶어서……."

예슬이가 말하다 말고 강희 눈치를 보았다.

"공부하고 싶어 미칠 뻔했다고?"

"아니, 미칠 정도는 아니고 몹시 궁금했어. 헤헤. 어디까지 공부했나, 오늘은 뭘 배웠을까? 근데 네가 공책과 책을 가져오다니. 우리 둘이 마음이 통한 것 같아."

강희와 예슬이는 곧 머리를 맞대고 공부를 시작했다. 강희는 이미 공부한 것 복습이었고, 예슬이는 예습 수준이었다.

"이렇게 공부하니까 네가 꼭 학교 선생님 같아."

예슬이가 말했다.

"넌 나의 무지개 선생님이고?"

강희가 물었다.

"무지개 선생님?"

"그래. 무지개 비법을 가르쳐 주는 선생님."

"그 말 참 멋지다. 그럼 우린 서로에게 선생님이다 그렇지? 아 참, 무지개 비법 여섯 번째는 잘 들어 주는 거야. 난 예전부터 남의 말 듣는 게 좋았어. 재밌었어. 누가 나한테 와서 이런저런 얘기하면 고마웠어. 그래서 더 잘 듣고, 비밀을 이야기하면 꼭 지키고 그랬어. 그러니까 차츰 친구들도 늘어났던 것 같아."

"잘 들어 주기?"

"응. 그리고 자기 마음을 솔직하게 보여 주는 용기도 필요해. 내 마음 보여 주고 잘 들어 주기, 어때?"

"좋아. 근데, 내일 또 와도 돼?"

"그럼! 와 준다면 정말 기쁘고 행복하지."

"매일 올지도 모르는데? 귀찮아질 만큼."

"제발 날 좀 귀찮게 해 줘!"

예슬이가 연극배우처럼 소리치며 활짝 웃었다.

긍정 에너지를 키우는 힘_칭찬

네 마음을 보여 줘!

"너에게 얘기하길 잘했어."
"얘기해 줘서 고마워. 나도 꼭 비밀 지킬게."

"무지개 비법 여섯 번째가 잘 들어 주기라고?"

강희는 학교 가는 길에 중얼거렸다. 이번에야말로 정말 쉬워 보였다. 그냥 남들이 말할 때 잘 들어 주기만 하면 되는 것이다. 그런데 누가 자신의 이야기를 할까? 비밀 이야기를 할까? 강희는 그것이 조금 걱정스러웠다.

일찍 학교에 가니 짝꿍 주민이가 책상 위에 엎드려 있었다.

"주민아, 안녕! 네가 일등으로 왔어?"

"어, 으응."

주민이가 고개를 들었다가 다시 엎드렸다.

"어디 아프니?"

"아니."

"숙제 안 해 왔어?"

"아니."

주민이가 고개를 저었다. 평소의 주민이 모습이 아니었다. 강희는 문득 주민이가 요 며칠 시무룩했다는 걸 기억해 냈다.

"주민아, 왜 그래~."

강희는 어리광을 부리듯 주민이 등에 기댔다. 주민이는 가만히 숨을 죽이고 있었다.

잠시 후, 주민이 등이 조금씩 들썩이기 시작했다. 강희는 흠칫 놀랐다.

'주민이가 운다······.'

강희는 심장이 오그라드는 기분이었다. 친구가 갑자기 울 땐 어떻게 해야 할까? 울지 말라고 달래 주어야 하나? 실컷 울라고 손수건을 건네주어야 하나? 무슨 일이냐고 물어봐야 하나? 꼭 안아 주어야 하나? 강희는 어쩔 줄 모르고 얼어붙어 버렸다.

얼마 후, 주민이의 등이 잠잠해졌다.

"우리····· 세수하러 갈래?"

강희가 작은 목소리로 물었다.

"응."

주민이가 고개를 끄덕였다.

"가자. 애들 오기 전에."

강희는 주민이 팔짱을 끼고 수돗가로 갔다. 둘은 똑같이 세수했다. 초여름 날씨인데도 찬물이 얼굴에 닿자 오싹 소름이 돋았다.

"저기 가서 앉을래?"

강희가 등나무 그늘을 가리켰다. 등꽃이 진 자리에 주렁주렁 파란 씨앗주머니가 매달려 있었다. 둘은 긴 나무 의자에 나란히 앉았다.

"내 눈 빨갛지?"

주민이가 고개를 들었다.

"괜찮아. 표시 안 나."

강희가 말했다.

"나, 바보 같지?"

"왜? 울어서?"

"미안해. 아침부터 신경 쓰이게 해서. 강희야, 놀랐지?"

"아냐. 난 만날 널 신경 쓰이게 하는데 뭘. 밥 먹을 때도 꼭 남

기고."

강희가 웃었다. 주민이 얼굴이 조금 펴졌다.

"넌 누구 좋아해 본 적 있어?"

"응?"

강희는 조금 당황했다. 누굴 좋아한 적 있느냐고? 그런 건 비밀인데, 아무에게도 말해 보지 않았는데.

"몰라."

강희는 얼른 대답해 놓고 곧 후회했다. 주민이가 지금 그걸 물어본 건 다 이유가 있을 텐데, 너무 가볍게 대답했다는 생각이 들었다. 퍼뜩 친구가 되려면 자기 마음속을 보여 줄 줄 아는 용기가 필요하다는 예슬이 말도 떠올랐다.

"으응. 좋아한 적…… 있지. 있었어."

"누군데? 물어봐도 돼?"

주민이 눈이 빛났다.

"2학년 때 우리 반 애. 동주처럼 개구쟁이였는데……. 괜히 옆에 와서 머리카락 잡아당기고, 눈뭉치로 때리고. 장난꾸러기 있잖아. 게다가 공부도 되게 못했어. 구구단도 못 외우고. 만날 나머지 공부하고, 받아쓰기 빵점 받고."

"받아쓰기를 빵점 받았다고? 네가 그런 애를 좋아했단 말이지?"

주민이 눈이 커다래졌다.

"몰라. 나도 왜 그 애를 좋아했는지 모르겠어. 하여튼 그랬어."

강희는 말해 놓고 피식 웃었다. 마음속에 꼭꼭 숨겨 놓은 비밀인데, 털어 놓으니 아무것도 아닌 것 같았다. 조금 가볍고 아쉬운 마음도 들었다.

"사실 나도 좋아하는 애 있어."

드디어 주민이가 마음을 열었다.

"누······ 구?"

"강희 넌 우리 반 반장 어떻게 생각하니?"

"우리 반 반장? 재혁이? 글쎄, 공부 잘하고, 말 잘하고, 좀 멋있긴 하지. 너, 재혁이 좋아하는구나?"

"응."

주민이가 고개를 끄덕였다.

"좋아한다고 말해 봤어?"

"그게, 며칠 전에 쪽지를 보냈는데 답장이 없어서 말이야. 재혁이는 내가 싫은 걸까? 싫으면 싫다고 말해 주면 좋을 텐데."

"반장이 너를 왜 싫어하겠니? 넌 우리 반에서 가장 예의 바르고 싹싹하고 공부도 잘하잖아. 밥도 깨끗하게 잘 먹고."

"얘는. 놀리니? 근데 난 반장이 예슬이를 좋아하는 것 같아서 자꾸 신경이 쓰여."

"재혁이가 예슬이를?"

"응. 저번에 예슬이 사고 났을 때 막 흥분해서 화를 내고 그랬잖아. 진주한테. 아이들에게 강제로 편지도 쓰게 하고."

"그건 반장이니까 책임감에서 그런 거지. 그럴 게 아니라 속 시원하게 한번 물어봐."

"싫어. 그렇게 못 해. 쪽지도 고민 고민하다가 보냈는데……."

주민이가 말끝을 흐렸다.

"그럼, 조금 기다려 보자. 쪽지 보냈으니까 답장해 주겠지. 어쩌면 재혁이도 지금 엄청 고민하고 있을 거야. 그리고 반장이 너 싫다고 하면 그 애가 바보지 뭐. 난 그렇게 생각해."

"정말?"

"그럼. 누구 짝꿍인데!"

"고마워. 그렇게 말해 줘서. 너에게 얘기하길 잘했어. 마음이 조금 편해진 것 같아. 사실 그동안 비밀 이야기는 거의 예슬이에게 했거든. 예슬이가 남 얘기도 잘 들어 주고, 비밀은 꼭 지키고 그랬으니까. 근데 이 이야기는 예슬이에게 할 수 없잖아. 그래서 혼자 끙끙 앓았어."

"얘기해 줘서 고마워. 나도 꼭 비밀 지킬게."

"그래, 고마워."

강희와 주민이는 어깨동무를 하고 교실로 돌아왔다. 어느새 반엔 등교한 아이들로 꽉 차 있었다. 강희는 자리로 돌아가다가 희지와 딱 마주쳤다. 희지는 냉큼 얼굴을 돌렸다.

"희지야, 잠깐만."

강희는 희지를 불렀다.

"희지야, 나한테 화났어? 왜 그래? 무슨 일이야?"

강희는 빠르게 물었다.

"넌 변했어. 너랑 말하기 싫어."

희지는 차갑게 말하고 자기 자리에 앉았다.

긍정 에너지를 키우는 힘_칭찬

나에게로 되돌아온 칭찬

"만약 누군가에게 칭찬받고 싶으면 칭찬하면 돼.
칭찬은 부메랑처럼 나에게로 다시 돌아오게 되어 있어."

강희는 변했다는 희지의 말이 계속 걸렸다. 희지와 화해하고 싶은데 어떻게 해야 좋을지 알 수 없었다. 눈앞에 희지의 어두운 얼굴만 오락가락했다.

일요일 오후, 강희는 다시 예슬이 병문안을 갔다. 엄마가 직접 만들어 준 떡볶이를 싸들고.

"짠! 내가 뭘 가져왔게?"

"어머, 내가 엄청 좋아하는 떡볶이다! 사 온 거야?"

예슬이가 환호성을 질렀다.

"아니. 엄마가 만들어 줬어. 너랑 같이 먹으라고. 얘들아, 같이 먹자."

강희는 곁에 있는 꼬마 환자들도 다 불렀다.

"와! 떡볶이다, 떡볶이!"

"맛있겠다!"

아이들이 손뼉을 쳤다.

"아, 맛있어. 너희 엄마 떡볶이 진짜 잘 만드신다. 맵지도 않고 쫄깃쫄깃하고 부드러워. 이제까지 내가 먹어 본 것 중 최고야!"

예슬이가 엄지손가락을 추켜세웠다.

"진짜! 언니, 최고예요. 최고!"

꼬마들도 덩달아 따라 했다.

"뭐야, 오예슬. 꼬마들을 모두 너의 추종자로 만들었어? 칭찬 박사로 만든 거야?"

강희는 눈을 흘겼지만, 꼬마들이 언니라고 불러 주어서 무척 기뻤다. 갑자기 동생이 여러 명 생긴 기분이었다.

떡볶이를 다 먹고 강희는 예슬이와 함께 병원 뜰로 산책하러 나갔다. 예슬이는 목발을 짚고 걸었다.

뜰엔 몸이 불편한 환자들이 휠체어를 타고 있거나 느릿느릿 움직이고 있었다. 강희는 아픈 사람들을 보면서 건강한 것이 얼마

나 고마운 일인지 깨달았다. 그냥 두 발로 가고 싶은 곳 가고, 두 팔을 자유롭게 움직일 수 있다는 것만으로도 감사한 일이었다. 병원에 오기 전엔 당연하다고 생각한 것들이 다 감사하게 여겨졌다.

예슬이가 이런 강희 마음을 눈치챘는지 빙긋 웃었다.

"강희야, 벌써 무지개 비법 마지막 단계네. 예슬이를 변하게 한 마지막 칭찬 비법은 '믿는 대로 이루어진다.' 야. 만약 누군가에게 칭찬받고 싶으면 칭찬하면 돼. 사랑받고 싶으면 사랑하면 되고. 칭찬은 부메랑처럼 나에게로 다시 돌아오게 되어 있어. 내가 믿고 원하는 그대로 이루어져."

"믿는 대로 이루어진다? 칭찬이 나에게 다시 돌아온다고?"

"응!"

예슬이가 힘주어 대답했다.

강희는 예슬이가 교장 선생님께 칭찬상을 받은 걸 떠올렸다. 예슬이는 많은 아이에게 칭찬을 받아 칭찬상을 받았지만 알고 보면 예슬이는 그보다 더 많은 아이를 칭찬했다. 한때는 예슬이가 칭찬을 받으려고 일부러 칭찬한 게 아닌가 의심했지만 이젠 아니었다. 칭찬이 다시 예슬이에게로 돌아간 것뿐이었다.

"우리 사촌 언니는 말이야, 다른 공부는 못하는데 영어를 엄청 잘해. 어떻게 잘하게 됐냐고 물었더니 영어 선생님 덕분이라는 거야. 영어 선생님께서 언니 발음이 좋다고 딱 한마디 해 줬는데, 그 말이 듣기 좋아서 또 칭찬받고 싶어서 계속 영어 공부를 하게 됐대."

"정말?"

"응. 언니는 단어를 외우고 발음에 신경 쓰고, 나중에는 영어 책을 달달 외우게 됐어. 결국 학교에서 영어를 가장 잘하는 학생이 됐고, 전국 영어 경시대회에 나가 최우수상도 받았어."

"대단하다."

"수상 소감을 말할 때 언니는 그 영어 선생님 이야기를 했어. 자기가 영어를 잘하게 된 건 그 선생님 칭찬 덕분이라고. 발음 좋다고 말한 그 한마디 때문이라고."

"영어 선생님의 칭찬이 다시 영어 선생님에게 돌아갔구나?"

"그래. 칭찬 한마디가 그렇게 힘이 센 거야."

"알겠어. 근데, 예슬아. 나 고민 상담 좀 해도 돼?"

"그럼. 뭔데?"

예슬이가 눈을 빛냈다.

"그동안 네가 가르쳐 준 무지개 비법을 실천하다 보니까 반 친구들을 많이 사귀게 됐어. 주민이와는 친한 친구가 됐고, 성화와 영경이와도 가까워졌어. 근데 희지와는 사이가 더 안 좋아졌어. 왜 그럴까? 무슨 방법이 없을까?"

"노희지 말이야?"

"응."

"나도 어릴 때부터 희지와 아는 사이인데 친구 되기가 쉽지 않아. 희지는 강하고 힘이 있어. 난 여태까지 희지가 우는 걸 한 번도 본 적이 없어. 난 그 반대였는데. 희지는 아무리 선생님께 꾸중을 들어도 얼굴빛이 변하지 않아. 난 금방 홍당무가 되는데 말이야. 그게 정말 부러웠어."

"난 아직 희지를 잘 모르겠어."

"나도 그래. 희지 문제는 나도 어째야 할지 모르겠네. 나도 친구가 되지 못했으니까. 미안."

"아냐. 내가 알아서 할게."

고개는 끄덕였지만, 강희의 마음은 어두웠다.

강희는 학교에서 계속 희지가 신경 쓰였다. 희지는 이제 강희에게 완전히 마음의 문을 닫은 것 같았다. 눈도 마주치지 않았다. 강희는 자연스럽게 희지 곁에 다가가려 했지만, 좀처럼 기회가 찾아오지 않았다.

그런 어느 날, 강희는 희지가 혼자 운동장을 걸어 나가는 것을 보았다. 강희는 재빨리 뛰어갔다.

"희지야, 잠깐만!"

강희는 헉헉거리며 희지를 따라잡았다.

"……."

희지는 아무 말도 않고, 멈추지도 않고 앞서 나갔다.

"희지야, 같이 가."

강희는 희지 곁에서 나란히 걸었다.

"희지야, 배고프지 않아?"

"귀찮게 하지 마."

희지가 쏘았다. 강희는 머쓱했지만 멈추지 않고 계속 말했다.

"희지야, 우리 국수 먹으러 가지 않을래? 우리 엄마가 저쪽 시장에서 국숫집 하는데 친구 데리고 오라고 했거든. 근데 한 번도 간 적이 없어. 같이 가지 않을래? 지금 엄청 배고파서 말이야. 너, 국수 좋아하잖아. 그렇지?"

강희는 엄마가 국숫집을 한다는 얘기를 하는 게 조금 창피했지만, 말이 나온 김에 다 해 버렸다.

"너희 엄마가 국숫집을 한다고?"

마침내 희지가 걸음을 멈췄다.

"응. 너한테 처음 얘기하는 거야. 같이 가자. 엄마가 언제든지 오라고 했어. 친구 데리고."

"친…… 구?"

"응. 친구. 혼자 가면 우리 엄마가 싫어해. 친구도 하나 없다고. 제발 같이 좀 가자!"

강희가 희지 팔을 잡아끌었다.

"싫어. 내가 거길 왜 가니?"

희지가 뻗댔다.

"친구 좋다는 게 뭐니?"

강희와 희지는 티격태격 말씨름을 하며 건널목을 건너고 비좁은 시장 골목으로 접어들었다.

"너, 실망하지 마. 우리 엄마 가게 엄청 좁고 지저분해. 자, 다 왔어."

강희는 희지를 가게 안으로 떠밀었다. 주방에 있던 엄마가 깜짝 놀라 달려 나왔다.

"어머머, 웬일이니? 우리 강희가 친구를 다 데려오고? 창피하다고 한 번도 오지 않더니. 어쩌면 친구는 이렇게 야무지고 예쁘게 생겼니? 이름이 뭐니? 우리 강희랑 정반대다."

엄마가 수선을 피우자, 희지가 얼떨떨한 표정을 지었다.

"엄마, 우리 엄청 배고프거든요. 빨리 국수 좀 말아 주세요."

강희가 참다못해 한마디 했다.

"그래, 그래. 시원한 냉국수 해 줄까? 고소한 콩국수 해 줄까?"

"엄마가 가장 잘하는 걸로 해요. 내 친구가 맛없다고 하면 다시는 안 올 거예요."

강희가 으름장을 놓자, 엄마가 바짝 긴장한 얼굴로 주방에 들어갔다.

"희지야, 저것 좀 봐. 우리 엄마 꽁꽁 얼었다. 손님 말 한마디에 저러면 요리사 실력 다 들통 나는 거 아냐? 그렇지?"

"글쎄. 음식은 먹어 봐야 알지 뭐."

희지가 애써 덤덤하게 말했다.

"희지야! 사실 우리 엄마가 국숫집 한다는 거 너한테 처음 얘기하는 거야. 예슬이한테도 말 안 했어."

"예슬…… 이한테도?"

희지의 얼굴이 새치름해졌다. 언제나 '감탄사'란 별명으로 불렀는데 자연스럽게 예슬이 이름이 나오니까 놀란 모양이었다.

"희지야, 미안. 사과할게. 나, 얼마 전부터 예슬이 병문안 다녀. 네가 싫어할까 봐 얘기 못 했어."

"그랬구나. 역시, 그런 것 같았어."

"미안해, 희지야. 난 예슬이와도 친하게 지내고 싶고, 너와도 친하게 지내고 싶어. 안 되겠니?"

"안 될 게 뭐니? 네가 감탄사랑 친구가 되든 원수가 되든 이젠 관심도 없어."

"거짓말."

"관심 없다니까."

"그럼 저번에 나한테 왜 그렇게 화냈어? 변했다고 하면서."

"변한 건 사실이잖아."

"뭐가?"

"몰라서 묻니? 너, 반 애들이랑 몽땅 친구가 됐잖아. 나만 쏙 빼고."

"너만 쏙 빼고? 절대 아니거든. 너랑 나랑 가장 먼저 친구가 됐잖아. 내 마음은 변함이 없단 말이야."

"아이고, 참 고맙네."

희지가 비아냥거렸다.

"정말이라니까. 아무튼! 너랑 나랑 친구 맞지? 그렇지?"

"글쎄. 네가 아직 그렇게 생각한다면."

"당연히 그렇게 생각해!"

강희가 벌떡 일어났다. 그때 엄마가 국수 그릇을 들고 나왔다.

"국수 나왔다!"

"희지야, 우리 국수나 먹자!"

"그래. 감사히 잘 먹겠습니다!"

강희와 희지는 나란히 앉아 국수를 맛있게 먹었다.

감탄사와 느낌표!

"까칠이 별명 바꿔라."
"느낌표는 어때? 감탄사 곁에는 꼭 느낌표가 붙잖아."

"한 가지만 물어보자. 감탄사 병실엔 언제부터 간 거야? 왜 간 거야?"

집으로 돌아가는 길에 희지가 물었다.

"지지난 주부터. 편지하다가, 메일 주고받다가 가게 됐어."

"메일까지? 나 모르는 새 둘이 완전히 짝짜꿍했구나?"

"미안. 근데 예슬이 얘기 들어 보니까 그동안 엄청 고생했더라. 성격 고치고 친구 사귀려고 무척 애를 썼나 봐. 웅변학원까지 다녔대."

"감탄사가 웅변학원을?"

"너도 놀랐지? 예슬이는 만날 울고 다니는 자기가 싫어서 변하려고 많이 노력했대."

"흥. 우는 것, 딱 질색이야. 그러면 누가 달래 줄 줄 알고. 다 관심 받으려고 하는 거지."

희지가 콧방귀를 뀌었다.

"예슬이는 너 많이 칭찬해. 강하고, 씩씩하고, 힘 있다고 부러워하더라."

"입에 발린 말이지 뭐. 감탄사 걔, 아무나 칭찬하잖아. 지나가는 똥개도 칭찬할걸? 아무 데나 똥 잘 싼다고."

희지가 야무지게 쏘았다.

"나도 처음엔 그런 줄 알고 싫어했는데, 꼭 그런 것만은 아닌 것 같아."

"뭐가?"

"좀 사귀어 보니까 예슬이 진심을 알게 됐어. 알고 보니 꽤 괜찮은 친구더라고. 저기, 우리 예슬이 병원에 한번 가 보지 않을래? 엄청 재밌어. 병실 꼬맹이들이 나보고 언니라고 부른다."

"언니씩이나? 감탄사 병실에 내가 왜 가니? 우는 것도 보기 싫은데 아픈 꼴도 보라고? 됐어."

희지가 퉁명스레 말했다. 그렇지만 예전처럼 가시가 돋친 말은 아니었다. 순간, 강희 머릿속에 뭔가가 떠올랐다.

"희지야, 내가 좋은 것 가르쳐 줄까?"

"뭘?"

"있잖아, 이건 이 세상에서 딱 두 사람밖에 모르는 건데 말이야. 관심 있으면 가르쳐 줄게. 너, 혹시 들어 봤니? 무지개 비법이라고……."

강희는 예슬이의 무지개 비법을 희지에게 알려 주었다. 희지는 처음엔 시큰둥해했지만 조금씩 관심을 보이기 시작했다. 희지도 예슬이와 강희가 변한 모습을 잘 알고 있었던 것이다. 어쩌면 희지도 속으로 변하고 싶은 마음이 큰지 몰랐다. 예슬이를 미워하면서도 속으로는 궁금해했는지 모른다. 만약 관심이 없었다면 욕을 하지도 않았을 거니까. 미워하지도 않았을 테니까. 관심은 있는데 다가가는 방법을 몰라 앙숙이 되었던 것이다. 처음 강희와 예슬이 사이가 그랬던 것처럼.

"우아, 멋져!"

강희가 희지에게 무지개 비법을 얘기해 주었다고 하자, 예슬이는 방방 뛰었다.

"희지가 과연 무지개 비법을 따라 할까? 좋아할까? 강희야, 이러다 우리 반 전체가 다 따라 하는 것 아냐? 우리의 무지개 비법을?"

강희는 어이가 없어 픽 웃었다. 이제 겨우 희지에게 전했을 뿐인데 반 전체로 퍼져 나가는 상상을 하다니. 그리고 우리의 무지개 비법이라니? 예슬이의 무지개 비법이 아니라 우리의 무지개 비법이라고?

"강희야, 이제야 고백하는 건데 나 오토바이 사고당했을 때 엄청 힘들었어."

"왜?"

"나에게 왜 이런 끔찍한 일이 일어났나, 왜 나만 힘들게 하나, 하느님이 나를 미워하나 보다고 원망했거든."

"너도 누굴 원망할 줄 아니? 감탄사 네가?"

"나라고 만날 좋은 말, 좋은 생각만 하는 줄 아니? 미워할 줄도 알고 원망할 줄도 알아. 근데 요즘 곰곰 생각하니까 하느님이 나를 벌준 게 아니라 상을 준 것 같아. 큰 선물을 주신 것 같아."

"선물이라니?"

"바로 너, 최강희. 사고가 나서 힘들었지만, 너랑 친구가 될 수 있었잖아."

"에이, 뭐야."

강희가 눈을 흘겼다.

"아냐. 사고 나서 학교도 못 가고, 공부도 못 하고, 뛰어놀지도 못하고, 친구들도 못 만나 괴로웠는데, 이제 생각하니까 너랑 친구가 되라고 그랬나 봐. 예전에 너랑 친구가 되게 해 달라고 기도한 적 있는데 진짜 이루어졌어. 그걸 알고 나 깜짝 놀랐어. 진짜 원하는 대로 되는구나, 하고."

"예슬아, 나 예전에는 너 흉 많이 봤어. 오해도 많이 했고. 미안해. 사과할게."

강희는 마음속 말을 꺼냈다.

"괜찮아. 그럴 수 있지 뭐."

예슬이가 싱긋 웃었다.

"예슬이 너와 친구가 되고부터 내 생활이 달라졌어. 우리 엄마 아빠가 깜짝 놀라. 내가 아닌 것 같대. 반 친구들도 깜짝 놀라. 까칠이 최강희 맞느냐고. 네 덕분이야."

"나도 네 덕분에 병원 생활이 지루하지 않았어. 재밌었어. 고

마워. 그리고 나, 내일모레 퇴원한다! 학교 가도 된대."
"정말이야? 잘됐다! 그럼 월요일에 내가 너희 집 앞으로 갈게. 학교 같이 가자!"
"그래, 좋아!"

월요일 아침, 강희는 들뜬 마음으로 예슬이를 찾아갔다. 예슬이는 벌써 아파트 앞에 나와 기다리고 있었다.
"미안. 벌써 나왔네?"
"응. 도저히 기다릴 수가 없었어. 아빠가 학교까지 데려다 주시겠다고 했는데 싫다고 했어. 너랑 같이

가고 싶어서."

목발을 짚은 예슬이가 방글방글 웃었다.

"가방 이리 줘. 들어 줄게."

"내가 들 수 있는데……. 고마워."

"고맙긴. 내가 아프면 너도 내 가방 들어 줄 거잖아."

"당연하지! 그렇지만 아프면 안 돼."

강희와 예슬이는 나란히 학교로 갔다.

둘이 다정하게 교실로 들어서자, 아이들 눈이 휘둥그레졌다.

"어, 뭐야? 너희 둘?"

아이들은 예슬이가 퇴원한 것보다 강희와 예슬이가 나란히 교실에 들어선 걸 더 놀라워했다.

"너희 둘, 원수 사이 아니었어?"

"둘이 사귀었어? 언제?"

"우리가 모르는 새 무슨 일이 있었던 거야?"

아이들이 강희와 예슬이를 둘러싸며 질문을 퍼부었다.

"무슨 일이 있었지! 아주 멋지고, 신나고, 대단한 일이 있었지. 그렇지, 강희야?"

"그럼. 아주 놀라운 일이 있었지!"

강희와 예슬이는 마주 보고 활짝 웃었다.

그렇게 강희와 예슬이는 단짝이 되었다. 예슬이는 아직 다리가 불편했기 때문에 화장실 갈 때나 계단 오르내릴 때 도움이 필요했다. 강희는 자연스럽게 예슬이의 손발이 되어 주었다.

'후후, 재밌다.'

강희는 화장실 앞에서 예슬이를 기다리며 씩 웃었다. 예전에 예슬이 무리가 화장실까지 따라가는 걸 보고 비웃은 적이 있는데 이제 강희가 그러고 있는 것이다. 화장실까지 같이 다니는 사이! 어느새 강희와 예슬이는 그런 사이가 되어 있었다.

"야, 까칠이 별명 바꿔라. 이제 까칠이 최강희는 없으니까."

쉬는 시간에 동주가 강희 별명을 바꾸자고 제안했다.

"그래, 맞아. 강희 별명 바꾸자."

주민이도 찬성했다. 주민이는 얼마 전 반장에게 답장을 받고 기분이 매우 좋아졌다. 반장이 예슬이를 좋아할지도 모른다는 것은 주민이 착각이었다. 반장도 주민이를 좋아한다고 했다.

"음, 느낌표는 어때? 감탄사 곁에는 꼭 느낌표가 붙잖아. 한 쌍처럼. 감탄사 오예슬과 느낌표 최강희. 어울리지 않아?"

뜻밖에 성화가 제안했다.

"느낌표, 잘 어울리는데?"

반장, 재혁이가 동의했다. 이렇게 해서 강희의 별명은 느낌표가 되었다.

'느낌표라고?'

강희는 그 별명이 싫지 않았다. 까칠이라 불릴 때는 왠지 아무 때나 까칠하게 굴고 냉정하게 대해야 할 것 같았는데, 느낌표라니 마음부터 포근해졌다.

"느낌표! 느낌 참 좋은데?"

예슬이도 좋아했다.

"근데 우리의 무지개 비법은 어떻게 되었을까? 희지가 잘 실천하고 있을까?"

"희지에게 물어보자. 근데 희지가 어디 갔지?"

감탄사와 느낌표는 희지를 찾아 나섰다. 놀랍게도 희지가 저만치서 걸어오며 손을 흔들었다.

"안녕!"

"어, 안녕!"

강희와 예슬이는 얼른 희지 곁으로 다가갔다.

세상을 바꾸는 칭찬 ❹

내 마음이 밝고 환해지는 한마디

"반가워!"   "안녕!"   "좋은 아침이야!"

"사랑해!"   "너를 좋아해!"   "행복해!!"

"보고싶었어!"   "또 만나!"

💛 칭찬을 하면 좋은 이유

좋은 말에는 좋은 에너지가 담겨 있어요.
말은 듣는 사람보다 말하는 자신이 먼저 듣는답니다.
그래서 좋은 말을 하면 먼저 내 기분이 좋아지지요!

작가의 글

느낌표 선생님의 느낌표 팍팍!

제게는 잊지 못할 선생님이 몇 분 계세요.

그중 한 분은 느낌표를 잘 써서 '느낌표 선생님'이라 하지요. 동화를 쓰시는 그분은 어른들한테도 꿈과 희망을 줘요.

내가 힘들다는 편지를 보낼 때마다 "하늬, 잘하고 있어요!", "대단해!", "아주 좋은걸!" 하시며 느낌표를 팍팍 달아 칭찬해 주고 용기를 주셨죠. 덕분에 저는 진짜 잘하고 대단한 줄 알았지 뭐예요.

또 한 분은 항상 '느낌'을 강조하시는 분이에요. 머리로 하는 계산 말고 내 가슴의 느낌, 첫 느낌이 중요하다고 하시며 그걸 믿으라고 하셨죠. 어디를 갈 때나 물건을 고를 때 "느낌이 어때?" 하고 먼저 물으셨죠. 덕분에 저는 머리보다 가슴을 더 믿고 신뢰할 수 있게 되었답니다.

칭찬의 중요성은 아무리 강조해도 넘침이 없지요. 우리는 누구나 칭찬을 하고 칭찬을 받으며 살아요. 칭찬의 다른 말은 관심이고, 사랑이에요. 누구나 관심 받고 사랑받길 원하지요. 이제까지 받기만 하고 살아왔다면 주는 연습도 해 보고, 주는 것만 해왔다면 받기도 해 봐야겠죠.

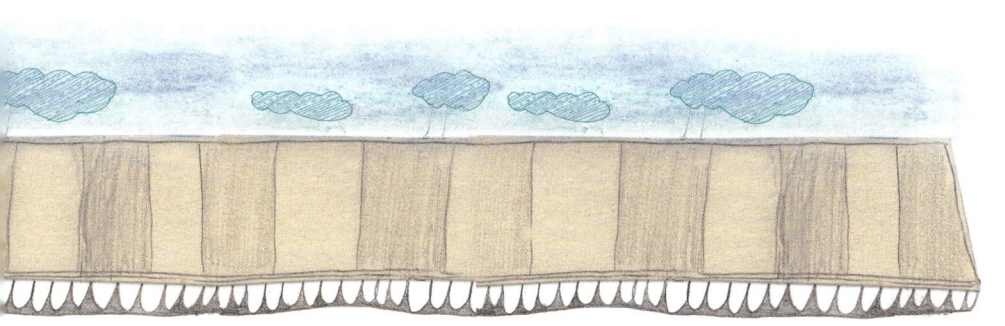

주고받고, 교류하고 소통하며, 우리는 성장하고 완성되어 가지요.

우리는 아주 잘하고 있답니다. 제 갈 길로 잘 가고 있답니다. 아무도, 그 무엇도 잘못되지 않아요.

친구들을 믿어요. 친구들을 사랑해요. 그러니 안심해요.

힘내라, 친구들!

아자아자!!

우정의 느낌표를 팍팍!! 담아서

김하늬

어린이 자기계발동화 25
어린이를 위한 칭찬

초판 1쇄 발행 2011년 3월 21일   초판 8쇄 발행 2018년 7월 20일

글 김하늬   그림 양은아   펴낸이 연준혁

출판 5분사 분사장 윤지현
책임편집 김숙영

펴낸곳 (주)위즈덤하우스 미디어그룹   출판등록 2000년 5월 23일 제13-1071호
제조국 대한민국   주소 경기도 고양시 일산동구 정발산로 43-20 센트럴프라자 6층
전화 (031)936-4000   팩스 (031)903-3891
전자우편 scola@wisdomhouse.co.kr   홈페이지 www.wisdomhouse.co.kr

ⓒ김하늬, 2011
ISBN 978-89-6086-434-4 74800
ISBN 978-89-6086-081-0 (세트)

이 책은 저작권법에 따라 보호받는 저작물이므로 무단전재와 무단복제를 금지하며,
이 책 내용의 전부 또는 일부를 이용하려면 반드시 저작권자와 (주)위즈덤하우스 미디어그룹의 동의를 받아야 합니다.
* 잘못된 책은 바꿔 드립니다.   * 이 책의 사용 연령은 8~13세입니다.

국립중앙도서관 출판예정도서목록(CIP)

어린이를 위한 칭찬: 긍정 에너지를 키우는 힘 / 글: 김하늬 ; 그림:
양은아. -- 고양 : 위즈덤하우스 미디어그룹, 2011
  p. ;   cm. - - (어린이 자기계발동화 ; 25)

ISBN 978-89-6086-434-4 74800 : ₩9000
ISBN 978-89-6086-081-0(세트)

칭찬[稱讚]
199.4-KDC5   CIP2011000995